IDA VON WEGEN
Eine hodenlose Frechheit

IDA VON WEGEN

Eine hodenlose Frechheit

VOM MÄNNER-DILEMMA MODERNER FRAUEN

lübbe

Originalausgabe

Copyright © 2022 by Bastei Lübbe AG, Köln

Textredaktion: Valérie Thieme
Umschlaggestaltung: zero-media.net, München
Satz: hanseatenSatz-bremen, Bremen
Gesetzt aus der Adobe Garamond Pro
Druck und Einband: GGP Media GmbH, Pößneck

Printed in Germany
ISBN 978-3-431-05030-1

5   4   3   2   1

Sie finden uns im Internet unter: luebbe.de
Bitte beachten Sie auch: lesejury.de

Dieses Buch ist eine herzliche Umarmung für alle
und wurde für *dich* geschrieben.

Die skurrilsten Geschichten aus der Kategorie »Gibt's doch gar nicht!« sind oft genug wahr. Ein Grund mehr, diese aufzuschreiben, egal, ob sie ins Bodenlose, Hodenlose oder Hosenlose abdriften.

Alle Anekdoten in diesem Buch sind so oder ganz ähnlich passiert. Der liebe Gott und die letzten zehn Flaschen Wein wissen, dass ich mir wünschte, es wäre nicht so. Hier und da habe ich Namen und Orte geändert, um die Männer, über die ich schreibe, nicht nachhaltig emotional zu schädigen. Zwinkersmiley.

Und noch eine Anmerkung in eigener Sache: Hat das generische Maskulinum bald ausgedient? Ein Y-Chromosom ist weder die Krone der Schöpfung, noch kann es die Entschuldigung für alles sein. Biologisch gesehen. Als grammatikalisches Geschlecht halte ich allerdings die verallgemeinernde männliche Schreibweise für einen Volltreffer. Der besseren Lesbarkeit halber.

Inhalt

1. Damenwahl

Kennt ihr Lynzy Moran? Die blonde Powerfrau im 1950er-Jahre-Stil, gut gelaunte »Managerin und Food-Truck-Besitzerin« aus der Werbung, die für Damenhygieneartikel wirbt und immer einhundert Prozent geben will, egal ob sie ihre Tage hat oder nicht? Die Lynzy, die beim Laufen top gestylt einen großen Zwiebelsack schultert und fröhlich schwere Tische aus Holz verrückt, als wenn es gar kein Problem wäre?

Lynzy ist oft bei mir zu Hause. Jedenfalls immer dann, wenn ich mal wieder irgendwo im Nachmittags-TV zwischen *Shopping Queen* und vor Glück weinenden Bräuten hängen geblieben bin. Nachdem sich Lynzy seit Monaten bei mir im Wohnzimmer aus Prinzip nicht zwischen Karriere und ihrer Weiblichkeit entscheiden will, stelle ich mir irgendwann die Frage, wie wohl Lynzys Mann wäre und ob er so viel geballte, gut gelaunte, resolute und zielstrebige Frauenpower locker händeln könnte, ohne dass ihm dabei zeitgleich seine eigene Männlichkeit flöten ging.

Nicht ohne Grund reagierte ich an diesem besonderen Tag im Juni leicht gereizt auf Lynzys gute Laune. Ich war vierunddreißig Jahre, mein eigenes Start-up zwei Jahre alt. Ich hatte promoviert, fieberte auf die Veröffentlichung meines ersten Buches hin und hatte vor zwei Jahren endlich den Mann getroffen, von dem ich dachte, der ist es! Kurz und gut: Es lief. Aber beziehungstechnisch offensichtlich nicht bergauf, sondern bergab, ohne dass ich es wusste. Mein Freund Lars, erdachter Vater meiner zukünftigen Kinder – um die Tragweite an dieser Stelle zu verdeutlichen –, nutzte kurzerhand den Tag meiner Buchveröffentlichung, nicht um mit mir zu feiern, sondern um sich am Telefon mit den Worten »Du bist immer so ergebnisorientiert« zu verabschieden und einfach nicht wiederzukommen.

Derart – sagen wir mal – *irritierende* Momente werden in Filmen immer mit einem Smash Cut verdeutlicht. Wisst ihr, was das ist? Am besten einer mit einem Scratch-Ton unterlegt? Smash Cuts sind Szenen im Film, die binnen einer Millisekunde die Wirklichkeit ändern. Das wäre so, als ob Foodtruck-Lynzy gerade noch fröhlich Biertische verrückt und sich vorstellt, wie sie ihr Foodtruckimperium ausbaut, und plötzlich kommt der Postbote mit einem Brief vom Finanzamt um die Ecke. Steuernachzahlung. Oder schlimmer noch: Foodtruckgewerbebetreibungsverbot. Zack, aus der Traum. Einen solchen unerwarteten Smash-Scratch-Moment hat mir meine attestierte »Ergebnisorientiertheit« am Tag der Buchveröffentlichung auch beschert. Ähnlich unangenehm wie eine Steuernachzahlung. Potenziert mit einer Zahnwurzelbehandlung. Ohne Betäubung.

Mann weg.

Familienvorstellung weg.

Traum vom »Und-sie-lebten-glücklich-bis-an-das-Ende-ihrer-Tage« weg.

Aber hey, ich hatte immer noch meine Karriere. Und ist es nicht das, was uns die Emanzipation gelehrt hat? Wir brauchen keine Männer, um uns gut zu fühlen. Wir brauchen unsere Unabhängigkeit. Und Selbstbewusstsein. Und ein verlässliches Stück Zellulose zwischen den Beinen, damit wir immer einhundert Prozent geben können. Weil wir immer einhundert Prozent geben wollen. Nicht!

Einige Wochen später saß ich auf meinem Sofa, Lynzy schulterte fröhlich und motiviert den 180. Zwiebelsack, und ich war in der Sinnkrise: smart, selbstbewusst, bereit, mich mit jedem, der mich herausforderte, intellektuell zu messen. Und allein. Beruflich lief es nach wie vor gut. Aber »beruflich« hilft dir nicht über die Wochenenden, geht nicht mir dir spazieren und trägt auch keine Wasserkisten bis in den fünften Stock. »Beruflich« kann nicht mal schnell gucken, was das für ein komisches Geräusch ist, das dein Auto seit Neuestem macht. Und außerdem ist »beruflich« kein guter Gesprächspartner abends im Bett und sowieso. Und während ich mit meiner attestierten Ergebnisorientiertheit haderte, die meine Beziehung offensichtlich zu Fall gebracht hatte, rief ich Gloria an.

Ich kenne Gloria seit dreizehn Jahren. Vater Chefarzt, Mutter Lehrerin, ein Bruder, eine Schwester, wohnhaft in Wiesbaden. Sie hat Kunst und Französisch studiert und ist das, was man eine Vollblutakademikerin nennen würde. Gloria ist einfach mal ziemlich schlau, hochgewachsen, Mitte dreißig. Eine, die alles im Griff hat. Das merkt man schon an der Art, wie sie spricht.

»Wieder alles im Griff, auf dem sinkenden Schiff«, summte ich vor mich hin, als ich Glorias Telefonnummer wählte. Sie meldete sich wie gewohnt mit »Ja, hallo?«, und weil wir uns lange nicht gehört hatten, sprachen wir über drei Stunden miteinander. Gloria erzählte von Christian, achtunddreißig, und wie er sie vor acht Jahren auf einer Party vor dem Klo angequatscht hatte. Klassiker. Die Beziehung lief gut, bis sich Glorias Vater Christian vor wenigen Wochen auf einem Bootsausflug zur Brust genommen und angefangen hatte, Männergespräche zu führen. Über Familie. Und Kinder. Und die Zukunft. Wie er, der Schwiegersohn in spe, sich das denn so vorstellen würde, jetzt wo er bald vierzig würde. Die Unterredung schien Christian nachhaltig beeindruckt zu haben.

So nachhaltig, dass er die Beziehung kurzerhand beendete. Ich war baff. Schwamm ich bis dato noch in meiner eigenen Lebenswirklichkeitsblase, bestehend aus *Mann weg. Familienvorstellung weg. Stattdessen »und sie lebten ewig, bis einer den anderen aufgrund von Ergebnisorientiertheit verlässt«* ... Nun war da plötzlich eine Freundin, der es genauso ging. Mitte dreißig, selbstbewusst, intelligent, gut ausgebildet und *eigentlich* auf dem besten Wege zu Kind, Heirat und Haus. Nur, um dann doch plötzlich allein dazustehen.

Gloria und ich analysierten messerscharf – wie Frauen das eben so machen –, was in den letzten Jahren mit uns und den Männern passiert war. Wir untersuchten persönliche Entwicklungsstufen (meistens die unserer Ex-Freunde) und diskutierten das Elend (meistens unser eigenes), um zu Ergebnissen zu kommen, die uns erklärten, warum das mit den Männern einfach nicht klappen will. »Das alles ist eine hodenlose Frechheit!«, befand Gloria am anderen Ende der Leitung. Und ich überlegte: Sind wir beide selbst schuld an unserem Singledasein? Warum kann ich nicht einfach einen Nagel in die Wand schlagen, ohne den Mann, der danebensteht, per se schon mal gleich seiner Männlichkeit zu berauben? Worin liegt die Wurzel allen Übels? Und kann es sein, dass einer ganzen Generation selbstbewusster, gut ausgebildeter Frauen die Männer weglaufen? Und wenn ja, warum? Fragen über Fragen ...

Aber darauf kommen wir später zurück – in der Einleitung schon das dicke Antwortende vorwegzunehmen ließe die Spannung doch arg leiden. Zurück zu Gloria und unserem nächtlichen Telefonat. Ich verabschiedete mich von ihr mit dem Versprechen, der Sache und den Fragen auf den Grund zu gehen und investigativ zu recherchieren, damit wir bald in puncto »Männer« schlauer wären.

In den folgenden fünf Monaten habe ich in der Tat ziemlich intensiv recherchiert, an mehreren Küchentischen bis nachts um drei Uhr und vor allen Dingen im knallharten Zwiegespräch mit mehreren Ladys unterschiedlichen Backgrounds. Jede qualitative Studie braucht eben eine solide Auswahl an Probanden. Mein Qualitätsportfolio besteht aus Suse, Toni, Anna, Dr. Bettina und Maxi, mit denen ich manchmal einen Abend oder auch wochenlang im Schein von blauen Bordeauxzähnen das Für und Wider männlicher Präsenz und weiblicher Potenz ausdiskutiert habe.

Suse zum Beispiel ist Single und Geschäftsführerin in der Automobilbranche, achtunddreißig Jahre, zum Niederknien attraktiv (eine von der scharfen Sorte).

Toni, Single, einunddreißig Jahre, arbeitet als PR-Frau bei einem Wirtschaftsverlag, geht privat gerne wandern und gibt sich am Kneipentresen oft genug als Praktikantin aus, um ein Gespräch mit Männern überhaupt über den Abend zu retten.

Dr. Bettina, Single, achtundfünfzig Jahre, ein Sohn. Sie leitet eine Behörde, besitzt Haus, Hof, Wald in Sachsen und hat Jura in den 2000ern und ein Ingenieurstudium mit Doktortitel in den 1990er-Jahren abgeschlossen. Blond, zierlich und das Gegenteil von extrovertiert. Potenzielle Beziehungskandidaten können sich leider regelmäßig nicht vorstellen, mit ihr den Lebensabend zu verbringen. Zu viel Wald. Und zu viel Haus und Hof. Und zu viel Universität. Vielleicht auch zu viel Behördenleitung. Schade eigentlich, denn Bettina kann großartige Kuchen backen, die sie nicht allein essen möchte.

Und dann ist da noch Maxi, Single, sechsunddreißig Jahre alt. Ausbildung im familieneigenen Betrieb, jetzt *Head of Wirklich-Wichtig* in einem großen deutschen Industrieunternehmen, wohnt in München. Maxi hat im Beruf bereits gepunktet, würde *mann* sagen, und wäre mit der Familienplanung gerne schon weiter. Sie hat großartige Singlegeschichten aus der bayerischen Hauptstadt auf Lager. Viel lieber würde sie aber in Oberpolding oder Unterschlenzing mit Mann und Kind wohnen. Das hat sich bislang aber noch nicht ergeben. Könnte daran liegen, dass noch kein Haus in Oberunterschlenzpoldingen frei war oder dass bis jetzt jedem Mann aufgrund von Maxis *Head-of-Wirklich-Wichtig*-Anstellung mindestens ein Zacken aus seiner Krone gebrochen ist.

Als Letztes erzählte ich Anna von meiner Idee, vielleicht ein Buch zu schreiben. Über erfolgreiche Frauen und was das mit Männern macht. Und dass ich das Buch »Eine hodenlose Frechheit« nennen würde. Anna lacht fast hysterisch, schreit mich an »*You nailed it!!*«, als sie den Titel hört, und verspricht sofort, das Buch in jedem Fall zu kaufen, auch wenn es nur aus weißen Seiten bestünde. Aber diese drei Worte würden den Nagel auf den Kopf treffen, und allein dafür käme es ins Regal. Und weil nicht nur Anna in den letzten Wochen derart auf den Titel angesprungen war, beschlich mich zunehmend das klamme Gefühl, dass hier etwas im Argen liegt. Meine mir angeborene Beziehungsbehinderung in Form einer ausgeprägten Ergebnisorientierung war vermutlich nur der Tropfen auf den heißen Stein einer ganzen Generation.

Anna ist so eine, die es geschafft hat, wirklich alles unter einen Hut zu bekommen. Eine, die man eigentlich nicht leiden kann, weil sie alles hat. Mann, Kleinkind, Elternzeit mit sieben Monaten beendet und wieder in den festen Job eingestiegen, vor einem Jahr nebenbei selbstständig gemacht, und, ach so, ja, sie promoviert seit fünf Jahren. Auch nebenbei. Ihr Mann ist sechs Jahre jünger, nach eigenen Angaben überdurchschnittlich attraktiv und hat sie damals auf einer Tourismusmesse angequatscht. Mit einem Bier in der Hand, als sie gerade Reisen nach Brasilien verkaufte. Da war sie fünfundzwanzig Jahre alt. Er hat seine Ausbildung beendet, da war sie bereits auf allen fünf Kontinenten der Erde. »Jede Wette, das kann nicht halten!«, dachten wir damals. Anna erwartet in drei Monaten ihr zweites Kind von ihm. Der Termin zur Verteidigung ihrer Doktorarbeit liegt zehn Tage vor dem errechneten Geburtstermin. Macht er Anstalten, nur mal eben Zigaretten holen zu gehen und allein bis nach New York durchzubrennen? Nö. »Warum nicht?«, frage ich ihn. »Weil ich sie liebe«, sagt er. Schön, okay, das will man als Frau natürlich hören. Ist mir für meine investigative Umtriebigkeit aber irgendwie zu wenig. »Warum hast du nicht das Gefühl, deine Männlichkeit im Auto zu vergessen, wenn du eure Wohnung betrittst?« Er überlegt kurz und sagt dann: »Weil ich unsere Beziehung nicht als Rivalität begreife. Ich sehe uns als Team.« Wunderbar, denke ich, damit kann ich arbeiten.

Keines der genannten Mädels von Suse bis Maxi ist von der Sorte Frau *Wo die hinlangt, wächst kein Gras mehr.* Und doch scheinen sehr viele Männer das quasi unisono irgendwie anders zu sehen. Den Stempel *smart, sexy, sucht – Single mit den besten Empfehlungen abzugeben* hat jede auf der Stirn. Regelmäßig begann an den diversen Küchentischen in mir nach dem vierten Glas Wein die Erkenntnis zu reifen, dass Frauen Gewinner und gleichzeitig Verlierer der Emanzipation sind. Die Frauenbewegung hat uns im Laufe der letzten Jahrzehnte enorm viele Freiheiten, aber gefühlt nicht nur Vorteile eingebracht. Schon gar nicht in Bezug auf Männer und die friedliche Koexistenz mit ihnen.

Also Hosen runter! Worum geht es in diesem Buch?

Um die gefühlte Wahrheit zwischen Männern und Frauen, die nicht nur die Generation zwischen fünfundzwanzig und fünfundvierzig betrifft, sondern mittlerweile auch auf die ü-fünfzig übergeschwappt ist. Ist das Thema »Männer und Frauen« nicht langsam zu Ende erzählt, kann man sich da fragen? Bücher und Ratgeber, Podcasts und Kolumnen in Illustrierten berichten seit Jahr und Tag vom Geschlechterkampf. Mag sein, dass das Thema betagt ist. Aber die Dimension ist neu und brennt vielen Frauen unter den Nägeln, ohne dass sie wissen, was das Feuer verursacht und warum die Verbrennungen so schmerzen.

Schon lange geht es nicht mehr darum, dass die Frau entscheidet, wen sie sich zum Mann nimmt. Denn das impliziert ja, dass der Typ per se auch bereit ist, eine feste Verbindung einzugehen. Das sind Männer aber nicht mehr. Jedenfalls nicht mit der Schnittmenge an Frauen, die selbst wissen, wo es langgeht. Ich spreche nicht von den Fällen, wo es zwischenmenschlich und per Gefühl nicht mehr passt zwischen zwei Menschen. Sondern von den Fällen, wo Männer aus Angst – neudeutsch: »Respekt« – fluchtartig den Raum verlassen, weil Frauen ihnen den Schneid abkaufen oder ihrer Männlichkeit unbewusst nicht genügend Respekt zollen. Ganz einfach da, wo Frauen Männergefühle durch weibliches Selbstbewusstsein und Erfolg unwissentlich verletzen. Wäre zum Thema schon alles gesagt, bräuchte es nicht regelmäßig die 187. Neuinterpretation und Bewertung eines Dates, bei dem er danach nicht mehr angerufen hat, oder die Auswertung eines Vorstandsmeetings, bei der sie einmal mehr als unangenehm empfunden wurde, weil sie mit der Faust auf den Tisch gehauen hat.

Da sind wir also. Im 21. Jahrhundert. Feiern den Feminismus, die Emanzipation, sind in den CEO-Etagen, auf Kanzlerchefsesseln und in der Gründerszene von Start-up-Inkubatoren angekommen. Aber haben wir auf diesem Weg nicht etwas vergessen? Die Männer mitzunehmen, vielleicht? Wer erklärt ihnen, dass führungsstarke Frauen zumindest privat nicht beißen und beruflich genauso zielstrebig sind, ohne per se als anstrengend zu gelten? Und warum hat ihnen noch keiner gesagt, dass es auch für Maxi, Suse, Toni und Co. anstrengend ist, immer wieder ihre weibliche Seite zu betonen, nur damit *er* nicht das Gefühl hat, plötzlich allein auf weiter Flur zu stehen, weil sich sein animalisches Erfolgs-Alter-Ego schon vor einer Stunde klammheimlich verpisst hat, als sie am Tresen wie beiläufig erwähnte, dass *sie* ein Team von fünfzig Mitarbeitern im Bundestag leitet.

Wer Anna, Maxi, Dr. Bettina & Co. als Stereotype empfindet, hat so unrecht nicht. Sie stehen stellvertretend für Frauen, mit denen ich gesprochen und deren Geschichten und Erfahrungen ich hier aufgeschrieben habe. Ob es Suse wirklich gibt oder ob sie im wahren Leben Andrea heißt, tut nichts zur Sache. Genauso könnten die Männer im Buch auch nicht Moritz, Tom, Lars oder Andi, sondern Wolfgang, Ronny oder Horst heißen. Vielleicht sind einige Geschichten davon meine eigenen. Vielleicht aber auch nicht. Letzten Endes berichte ich von zum Teil ungeheuerlichen Verstrickungen und Begebenheiten zwischen Männern und Frauen, beruflich wie privat, und lege dabei keinen Wert darauf, in die Steinzeit zurück verklagt zu werden, weil sich jemand in diesem Buch direkt wiedererkennt. Wer sich auf Teufel komm raus in den Geschichten wiederfinden will, wird es ohnehin tun. Mag sein, weil Andi, Horst und Ronny wirklich dabei gewesen sind oder weil Anna, Toni und ich etwas ganz Ähnliches erlebt haben.

Was es auf den folgenden Seiten nicht geben wird, ist die Proklamation der Frau in der Opferrolle. Auch wird das hier kein Emanzenmanifest. Wer dadurch den feministischen Diskurs angeregt sieht, bitte gerne. Aber ohne mich, das ist mir zu anstrengend. Ich überspitze, nutze und bediene Klischees. Auf beiden Seiten und alles gleichzeitig. Warum? Weil dieses Buch nicht nur der meiner Meinung nach dringendsten Frage unserer Zeit in Bezug auf Männer und Frauen nachgeht (= emanzipierte Frauen und was das mit Männern macht!?), sondern weil das alles ohne Humor und ein benutzerfreundliches Mischverhältnis wohl kaum zu ertragen wäre.

In diesem Sinne, liebe Leserinnen und auch liebe Leser, fühlt euch willkommen. Lehnt euch zurück, zieht die Jacke aus, und kommt erst mal an. Die *I-feel-you-baby*-Atmosphäre im Buch ist echt und gewollt, denn oftmals hilft es mehr, zu wissen, dass man mit Zwischenmenschlichem nicht allein ist, als die dritte Neuauflage »Aktueller Forschungsergebnisse zur wissenschaftlichen Untersuchung im Bereich neuronale Paaranalyse«, die alles logisch erklärt.

Und wer am Ende aus dem Buch noch ein paar Antworten auf bislang ungeklärte Fragen zum Thema *Frauen, Männer und Erfolg* mitnimmt, dem sei es sehr gegönnt. Also, ihr attraktiven, schlauen, zielstrebigen und eloquenten Mädels zwischen 20 und 105 Jahren. Auf geht's. Männer sind zwar nicht der Endgegner. Aber: *The struggle is real!*

2. Ode an die gefühlte Wahrheit

Ich sitze bei Suse zu Hause inmitten von Werkzeug, denn Suse zieht um. In der neuen Wohnung werkeln gerade drei ihrer Freunde quasi fachmännisch am Laminat. Ich bekomme eine Führung durch die neue Bleibe und frage lachend, warum der Kleinste hier eigentlich die Deckenlampen anbaut, was mit einem knappen »Lass mich raten, immer noch Single, Ida?« quittiert wird. Ich merke blitzschnell, dass mein flotter Spruch hier mal so gar nicht ankommt, und mache das, was ich besonders gut kann: Möbel anhand einer IKEA-Konstrukteurzeichnung aufbauen. Zehn Schrauben, vier Muttern, sieben Holzteile. Der Tisch steht. Und weil es ansonsten nichts Sinnvolles mehr für mich zu tun gibt und die Männer mir mehrfach versichern, dass meine Hilfe trotz aufgefrischter Tischkonstruktionspraxis absolut gar nicht notwendig sei, setze ich mich mit Suse zusammen an den neuen Tisch, und wir beobachten die drei Freizeitlaminateure. Wir sprechen über dies und das, und ich merke, wie mein Blick ganz beiläufig immer dieselben paar Quadratzentimeter abscannt. Schwarze Stoffzentimeter, die gerade mit durchaus ansehnlicher Rückenmuskulatur und gutsitzender Hose Laminat verlegen. Die an den richtigen Stellen gut sitzende Hose heißt Henri, und wir kennen uns schon seit Jahren flüchtig aus unserer Stammkneipe. »Henri zieht nächste Woche mit Nadine zusammen«, flüstert Suse. »Oh, wirklich«, bemerke ich mehr fragend als sagend. Bisher hatte ich ihn mental als Dauersingle abgespeichert und erkenne qua Gesetz von der plötzlich eintretenden Verknappung des Angebotes, dass ich Henri bislang offensichtlich nie richtig angesehen habe. Schön für ihn, blöd für mich, geht es mir durch den Kopf, als ich ihn gedanklich von meiner Liste der Männer streiche, die aus irgendeinem Grunde nie infrage kamen, aber vielleicht doch schon früher einen zweiten Blick wert gewesen wären.

»Manchmal schaue ich mich in unserem Freundeskreis um«, sagt Suse, als sie zwischen Pizzakartons nach Teebeuteln sucht. »Der eine ist zu klein, die andere zu vorlaut, die Dritte irgendwie zu karrierefokussiert. Ich habe das Gefühl, dass wir Ladenhüter sind. Modelle, die sich nicht abverkaufen lassen. Solide produziert, aber aufgrund von Speziallackierung eben ohne Nachfrage.« »Typisch Autoverkäuferin«, lache ich und schaue sie herausfordernd an. »Was ist, wenn du kein Ladenhüter bist, sondern das Premiummodell, das sich keiner leisten kann?«, schiebe ich nach. Ihre Locken wackeln hin und her beim Lachen. Suse ist wie eine Art blonde Cher. Beide ein optischer Kracher, Ferrari Luxus. Selbstbewusst und jederzeit bereit, sich zu wehren, wenn ihnen jemand blöd kommt. Zwei vermeintliche Traumfrauen. Doch je erfolgreicher die Autoverkäuferin Suse in ihrer Männerdomäne zu werden droht, desto mehr Helden ziehen es vor, sie von Weitem zu bewundern. Probefahrt durchs Schlafzimmer Freitagnacht nicht ausgeschlossen. Der Ferrari wird aber regelmäßig am Samstag oder spätestens Sonntag wieder auf den Parkplatz vom Autohaus gestellt. Der Fahrer macht noch schnell ein Selfie und holt den Wagen nicht wieder ab. Gefahren wie gesehen. Aber nicht gekauft.

Schön, stark und selbstbewusst

Dass das zu Frustration führt, scheint unausweichlich und lässt unweigerlich die Frage aufkommen, ob Frauen im 21. Jahrhundert noch Männer an ihrer Seite brauchen? Seit hundert Jahren gibt es das Frauenwahlrecht in Deutschland, Alice Schwarzer hat in den 1970er-Jahren die Frauenbewegung auf den Weg gebracht, und mit Hilfe von *Social Freezing*, also dem Schockfrosten unserer Eizellen, und der künstlichen Befruchtung haben wir die Möglichkeit, zu bestimmen, wo es evolutionstechnisch langgeht. Ist der Mann als Beschützer und Ernährer demnach heute theoretisch eigentlich komplett passé? Ist da eine Stelle im Stellenplan freigeworden, die nicht wiederbesetzt werden muss und ohne die der Laden auch läuft?

Theoretisch vielleicht, praktisch mit Sicherheit nicht. Aber gewiss haben sich in den letzten fünfzig Jahren die Verhältnisse dermaßen dramatisch verschoben, dass nunmehr beide Seiten, Männer und Frauen, um ihre Rollenbilder kämpfen. Beruflich wie privat. Frauen sind in den meisten Fällen nicht länger finanziell abhängig und können im Zweifel auch die Waschmaschine mithilfe von YouTube-Videos selbst anschließen. Die Emanzipation hat die Frauen nach vorne gebracht. Aber wir können es drehen und wenden, wie wir wollen, die Sache mit der Emanzipation hat ein Geschmäckle. Denn irgendwer hat dabei vergessen, die Männer gedanklich mitzunehmen. Emanzipation ohne *Emann*zipation quasi. Und so mäandert das starke Geschlecht durch die Gesellschaft und fragt sich: *Wenn ich die Familie nicht mehr ernähren soll und SIE sich ihre eigene pinke Bohrmaschine kauft, wo ist dann mein Platz?* Zu viel Klischee, meint ihr? Von wegen. Nichts weniger als die gefühlte Wahrheit breite ich hier vor euch aus. Und mal ehrlich, wer hat sich nicht schon bei den gleichen Erkenntnissen ertappt?

Frauen wachsen seit Jahren in dem Bewusstsein auf, dass sie alles schaffen können. Das färbt natürlich auch auf die Männer ab und irritiert das tradierte Rollenverständnis. Aber: Nur weil Frauen theoretisch alles allein schaffen *können*, heißt das nicht, dass Frauen auch alles allein schaffen *wollen*. Und hier liegt meiner Meinung nach ein großes Missverständnis in der Kommunikation zwischen IHM und IHR.

Ich erinnere mich an ein Gespräch mit meinem Freund Thomas, ein Kommilitone aus Studienzeiten. Obwohl die Uni Jahre zurückliegt, sind wir noch viel in Kontakt. Thomas ist mittlerweile geschieden und nicht wieder liiert. Er arbeitet für einen Computerkonzern und hat mir geholfen, die Website für mein eigenes Start-up zu installieren. Dann und wann rief ich Thomas in den letzten Jahren regelmäßig an, um zu erfragen, wie ich dieses oder jenes Interview, das von mir im Internet rumgeisterte, aus dem Netz laden und in ein massenkompatibles Dateiformat wandeln könnte. Er hat es jedes Mal für mich erledigt, und die Datei kam frei Haus in mein E-Mail-Postfach. Das habe ich zwei Jahre lang so gemacht, und mein schlechtes Gewissen wurde immer größer, weil ich seine Zeit aus meiner Sicht über Gebühr in Anspruch nahm. Also bat ich Thomas darum, mir beim Installieren der entsprechenden Software zu helfen und das Programm zu erklären, damit ich demnächst selbst tätig werden könnte. Gesagt, getan, installiert.

Nach vier Wochen schrieb ich Thomas eine begeisterte SMS: *Hallo, Technik-Außenstelle, ich hab' die ersten Videos gestreamt, und alles hat wunderbar geklappt. Drei Ausrufezeichen!!!* Ich war richtig stolz. Erstens, weil Technik wirklich nicht mein Steckenpferd ist, und zweitens, weil ich ihn fortan mit meinen Bitten nicht mehr nerven müsste. Doch anstatt das Toll-bravo-gut-gemacht einzuheimsen, das ich als Antwort von Thomas erwartet hatte – denn immerhin wird ihm meine technische

Unabhängigkeit von nun an wertvolle Zeit sparen, die er für was auch immer richtig gut nutzen kann –, schrieb er: *Das Programm hat sich bei dir bezahlt und mich völlig überflüssig gemacht.* Gefolgt von einem traurigen Smiley und einem Zwinkersmiley. In jedem Scherz steckt auch ein Funken Wahrheit, schoss es mir in den Kopf. Es stimmte, ich hatte Thomas aus technischer Sicht »überflüssig« werden lassen, aber nicht, weil ich es darauf anlegte, sondern weil ich im Geiste von »schön, stark und selbstbewusst« zur Selbstständigkeit erzogen wurde. Die Situation war gewissermaßen ein Opfer der Umstände. Ich fühlte mich schlecht, Thomas fühlte sich schlecht. Nur das Unternehmen, das die Streamingsoftware entwickelt hatte, fühlte sich gut, denn es hatte dank meiner Unabhängigkeit nun 79 Euro mehr auf dem Konto.

Nun, 79 Euro hin oder her, ich setze mich gedanklich wieder zu Suse an den frisch aufgebauten Küchentisch: »Das Problem ist doch«, sagt sie zu mir, »dass Frauen mit zunehmender Intelligenz, beruflichem Erfolg und damit einhergehend mit mehr Macht und Status umgekehrt proportional immer unattraktiver für Männer werden. Bei Männern ist es genau andersherum. Klingt nach 'nem alten Hut, ich weiß. Aber zum Teufel, so ist es! Eine ganze Generation gut ausgebildeter, intelligenter, selbstbewusster Frauen steht vor dem schwarzen Loch männlicher Feigheit«, rief Suse. Bumms! Das saß. Im Nebenraum verklickte sich jemand vor lauter Schreck beim Laminat.

»Erfolg oder Beziehung? Meine Schlagfertigkeit oder ein Ehemann? Das ist es, zwischen dem ich mich entscheiden muss?«, fragte ich desillusioniert in meine Teetasse, und in meinem nicht vorhandenen Kaffeesatz formierte sich die Warnung »Die Emanzipation fordert ihre Opfer!« Wer ist hier das Opfer, und wenn ja, warum ausgerechnet ich, fragte ich mich. »Zeit, die Fakten auf den Tisch zu legen, Mädels«, rief die Hose aus dem Nebenzimmer. »Jeder Mann will eine Frau zum Vorzeigen. Eine, die clever ist, und gutes Aussehen schadet auch nicht. Aber alles in Maßen.«

»Das ist der Witz des Jahrhunderts«, gab ich zurück. »Jeder Mann möchte eine smarte Frau, mit der er sich schmücken kann. Und wenn er sie dann hat, weiß er nicht, was er mit ihr anfangen soll.«

Das erinnert mich an die amerikanische Sängerin Cher. Sie erzählte in einem mittlerweile legendären Interview aus dem Jahr 1996 mit der Journalistin Jane Pauley von einem Gespräch, das sie mit ihrer Mutter führte. Pauley und Cher sprachen über Männer und warum die Sängerin Probleme hat, gleichaltrige Partner für sich gewinnen zu können. »Sie scheinen Angst vor dem zu haben, was ich sagen könnte, oder vielleicht auch davor, dass ich sie zu Hause ans Bett fessele«, gibt sie sehr zur Belustigung der Moderatorin zum Besten und erzählt weiter: »*My mom said to me, you know, sweetheart, one day you should settle down and marry a rich man. And I said: Mom, I am a rich man.*«

Chapeau, starker Auftritt! Power, Erfolg, sexy! Ein Grund zum Niederknien. Wenn Cher denn ein Mann wäre. Ist sie aber nicht, sondern der Inbegriff weiblicher Unabhängigkeit. Cher wäre ohne Zweifel ein begehrter Junggeselle mit allem, was sie für die Frauenwelt attraktiv machen würde: volles Haar, Status, Macht, finanziell mehr als solide aufgestellt. Alles Eigenschaften, die im historischen Diskurs männlich konnotiert sind. Okay, das volle Haar vielleicht nicht. Aber Erfolg, Status und Macht auf jeden Fall.

»Cher ist selbstbewusst, und das macht den Männern Angst. Kein Wunder, dass die irritiert sind«, sagte Suse, als ich ihr das Video zeigte. »Tausend Jahre lang sind wir nicht aus unserer Höhle gekommen, und nun wollen wir innerhalb von hundert Jahren alles reißen.«

»Steile These«, hörte ich mich sagen. »Gefühlt geht es dabei doch aber um Frust auf beiden Seiten. Nur auf verschiedenen Ebenen. Frauen sind frustriert, weil sie irgendwann im Job und im Privaten an ihre Grenzen stoßen. Oft genug müssen du und ich auch heutzutage immer noch einen Tod sterben: Kind oder Karriere. Und oft genug liegt es nicht daran, dass wir Kind oder Karriere nicht unter einen Hut bringen, sondern immer häufiger kommt es vor, dass dir keiner ein Kind macht, wenn du Karriere machen willst. Einhundert Jahre nach Höhlenausbruch stehen wir gefühlt erst am Höhlenausgang. Gut, wir haben ein paar Schritte gemacht. Aber wenn wir tatsächlich ein Mammut erlegen, gucken die Männer schnell irritiert, fühlen sich arbeitslos und nicht gebraucht, anstatt uns zu feiern. Und, *voilà*, da ist er, der Männerfrust auf der anderen Seite.«

Ich verabschiedete mich von Suse in der Gewissheit, dass es etwas gab, das mächtiger ist als wissenschaftliche Studien und dem sich niemand entziehen kann. Wo Rationalität dann und wann zur Mangelware wird. Willkommen im Epizentrum der gefühlten Wahrheit. Ich überlegte auf dem Weg nach Hause, ob der Konflikt von den erfolgreichen Frauen und dem, was das mit Männern macht, herbeigeredet oder real ist. Ist es das Problem einer übersättigten Gesellschaft? Bin ich Carrie Bradshaw, die gerade lässig sinnierend an einer neuen Kolumne über Männer tippt? Oder bin ich die arme Irre, die verzweifelt versucht, herauszufinden, was mit ihr in Bezug auf Männer nicht stimmt? Auf jeden Fall verbiete ich mir, beim Betrachten der ganzen Misere dem Männerhass anheimzufallen. Männerhass hat noch keinem weitergeholfen. Männerhass macht hässlich. Denn ich habe nichts gegen Männer. Im Gegenteil: Ich liebe sie!

Die Zeichen deuten

Zufrieden mit meiner besonders soliden und fairen gedanklichen Ausgangsbasis, kommt mir erneut Cher in den Sinn. Ich meine, wer mit fünfundsechzig Jahren noch in knallengen Glitzerbodys tanzt, hat's einfach drauf. Nur gleichaltrige (Hetero-) Männer haben es nicht so mit Chers Triplepower aus Erfolg, Intelligenz und Selbstbewusstsein. Okay, eigentlich sind es vier Superkräfte, wenn man den Glitzerbody noch mit dazurechnet, in dem ich selbst an Karneval und nach fünf Bier noch wurstig aussehen würde. Und das mit 35! Ha! Da ist er, der Unterschied zwischen gefühlter Wahrheit und Realität. Nach fünf Bier fühle ich mich im Glitzerbody unwiderstehlich. Dagegen spricht, dass sich meine Figur innerhalb der Zeit, die ich brauche, um fünf Bier zu trinken, nicht verändert hat. Und sie hat sich auch nicht in der Zeit geändert, die mein Gegenüber braucht, um fünf Bier zu trinken. Aber nach fünf Bier wird Realität zur Mangelware, und wir gleiten hinüber in die Zauberwelt der *gefühlten Wahrheit*, bewegen uns also irgendwo zwischen Fantasie und Wahnsinn.

Wie dicht ich dem *Männer*wahnsinn in seinen vielen Einzelheiten im Laufe meiner Recherchen noch kommen würde, davon hatte ich in jenem Moment noch keine Ahnung, als ich mich auf dem Weg von Suse nach Hause in einem Schaufenster anlachte, um meinen Körper insgeheim kurz auf seine bisher eventuell doch verkannte Glitzerbodyqualität hin zu überprüfen.

Und siehe da, das Schaufenster lachte zurück. In Form eines Pappaufstellers von Eckart von Hirschhausen, der mir einen Abend im medizinischen Kabarett schmackhaft machen wollte. Du! Kommst mir gerade recht. Wenn man sich erst mal auf ein Thema versteift, wird man ja manchmal regelrecht davon verfolgt. Plötzlich sind alle um einen herum wahlweise verlobt, schwanger oder tragen die blauen Turnschuhe, die man letztens im Schaufenster gesehen hat. Wer schon mal nach einer Trennung an jeder Ecke Autos mit den Initialen des Ex-Freundes hat stehen sehen, weiß, wovon ich spreche. Plötzlich stehen Autos mit dieser Buchstabenkombination vor einem an der Ampel, überholen auf der Autobahn, drängeln sich im Stau vor und nehmen einem vermutlich auch den letzten Parkplatz weg, wenn man eh schon zu spät dran ist. RF, LD, ABCDEFG, ganz egal. Als ob genau diese Buchstaben die beliebteste Kennzeichen-Kombi seit Anbeginn der Menschheit wäre. Ich komme mir dann immer ein bisschen verfolgt vor. Bin ich zur Hölle noch mal Robert Langdon, dessen Schicksal es ist, immer und überall Symbole und Zeichen zu sehen? Ihr wisst schon, Robert Langdon, der Wissenschaftler aus Dan Browns Kunstthrillern. Mit seinem geschulten Blick für Zeichen aller Art löst Mr. Langdon jahrhundertealte Rätsel, die die Menschheit bewegen. Ich nicht. Ich löse keine Rätsel. Ich starre auf die Kennzeichen und verfluche meinen Adlerblick, der daran schuld ist, dass mir auch wirklich keines (!) entgeht. Vielleicht sollte ich etwas aus dieser Gabe machen, denke ich mir. Vielleicht zum Geheimdienst damit? Zuverlässig wie ein Verkehrspfeiler mit festinstallierter Überwachungskamera bin ich auf jeden Fall. Ich erfasse jedes Auto. Und sehe dabei besser aus. Daraus muss sich doch was machen lassen …

Unbeteiligte Menschen könnten jetzt der Meinung sein, mein Aluhut sitze schief. Aber getrennte Frauen wissen, was ich meine. Und dass ich recht habe.

Und mindestens für die Kfz-Kombi weiß ich, dass es die Realität ist! Diese Initialen finden mich. Immer und überall. Unmengen von Autos werden dann urplötzlich mit der entsprechenden Kombination zugelassen, und alle davon fahren in meinem näheren Umfeld. Alle!

Nach meiner letzten Trennung zog ich an das andere Ende

Deutschlands und saß am ersten Abend auf dem Fensterbrett meiner Wohnung in einer fremden Stadt, um eine Gute-Nacht-Morgen-ist-alles-besser-#nicht-Zigarette zu rauchen, als ein schwarzer Audi unter meinem Fenster die Einbahnstraße im Dunkeln entlangfuhr. *M-LD 500.*

L. D.

Lars Dengler.

Nicht. Dein. Ernst.

Das ist ja wohl ein Witz!

Da ziehe ich eintausend (!) Kilometer weit weg, und dann schleicht Lars Dengler in Form von 60.000 Euro an mir vorbei. Ich zucke innerlich zusammen und starre dem Auto nach. Wenige Augenblicke nach dem schwarzen Audi fährt ein weißer Smart dieselbe Straße entlang. *STA-RK 123.* Das ist ein Zeichen, Ida!! Du musst stark sein, sage ich mir mantramäßig, als der schwarze LD-Audi dreisterweise erneut in meine Straße einbiegt und offensichtlich seine Runden dreht und keinen Parkplatz findet. Das gibt's doch nicht, jetzt wohnt das Auto zu allem Überfluss noch in meiner Straße. Der ist auf der Suche und kommt offensichtlich nirgendwo an.

Wäre er mal lieber zu Hause geblieben, dann wäre er jetzt nicht auf der Suche nach einer neuen, tolleren, aufregenderen Parklücke, ohne eine zu finden. Was sucht er denn? Eine Parklücke, die vielleicht weniger ergebnisorientiert ist?!

Wenige Augenblicke später fuhr der kleine STA-RK-Smart erneut die Straße hinter dem Audi ab, er war ihm also auf den Fersen. Stark bleiben, Ida! Der liebe Gott gibt dir ein Zeichen. Er spricht mit dir. Bald darauf habe ich dann entdeckt, dass der Audi wirklich in meiner Straße wohnt, weglaufen ging also irgendwie doch nicht. Ich musste mich meiner gefühlten Kfz-Wahrheit stellen und schlich in den nächsten Tagen immer wieder am schwarzen Unheil vorbei. Als ich mich endlich traute, auch mal einen Blick in das Wageninnere zu werfen, blieb mir fast die Luft weg. Über dem Spiegel hingen zu allem Überfluss auch noch kleine Boxhandschuhe. L. D. hat auch geboxt. Das ist ja grotesk, schoss es mir in den Kopf. Und ich sah mich nach versteckten Kameras oder jemandem um, der es mir unbedingt und warum auch immer richtig heimzahlen wollte. Da war aber niemand. Außer ein paar Leute am Dönerladen, die nicht so aussahen, als ob sie mir jemals irgendwas (heim)zahlen wollten.

Menschen aus München, ist euch eigentlich auch schon mal aufgefallen, dass an jeder Ecke eine Reklame mit der Aufschrift *»Tired of being fat and ugly? Just be ugly!! Boxwerk«* hängt? Nachdem sie mir drei Wochen überall aufgefallen ist, habe ich einen meiner Mitbewohner gefragt, ob ihm die ganzen Boxwerk-Aufsteller ebenfalls ins Auge gesprungen seien. »Welche Aufsteller?!«, quittierte er meine Frage. Selektive Wahrnehmung *at its best.*

Apropos Aufsteller: zurück zu Eckart von Hirschhausen. Ich gebe zu, der Bogen war lang, aaaaaaaber: Warum fiel mir der Promi-Doc so direkt ins Auge, als ich auf dem Weg nach Hause war? Weil von Hirschhausen für alle überdurchschnittlich geistig befähigten Frauen und alle unterdurchschnittlich geistig bemächtigten Männer eines klargestellt hat: Für euch gibt's kein passendes Gegenstück. In einer Sendung im WDR zeigte er anhand zweier Säulen, eine männlich, eine weiblich, aufsteigend den Intellekt anzeigend, wie sich die Männer im Grad der Intelligenz bei den Frauen gerne nach unten orientieren, und zeichnete zur Veranschaulichung der Theorie Linien aufs Papier, die quer über das Blatt verlaufen. Der Arzt heiratet die Krankenschwester, der Manager die Sekretärin. Übrig bleiben zwei Gruppen von Schwervermittelbaren, die mangels entsprechender Zielgruppe keine Linie auf dem Papier abbekommen haben und ohne Zuordnung bleiben: kluge Frauen und dumme Männer.

Es muss ja keiner über mir liegen, denke ich, ein Gleichauf würde doch reichen, und kombiniere haarscharf: Nicht nur die erfolgreichen Frauen, nein, auch die intelligenten Frauen kann es eiskalt erwischen. Im Abi Klassenprimus, im Beziehungsleben die Letzte, die aus dem Kindergarten abgeholt wird.

Wieder zu Hause dachte ich, selbst Goethe hat am Ende die Handwerkerin Christiane Vulpius geheiratet und damit die enge Verbindung zur eloquenten Charlotte von Stein aufgegeben. Gut, Johann Wolfgang hat im Laufe seines Lebens auch noch vielen anderen Frauen wild Heiratsversprechen und Liebesbekundungen angetragen, und Charlotte war damals schon verheiratet. Die beiden hätten ein richtiges Powercouple sein können, hier waren allerdings einfach die Umstände schuld. Wobei Goethe es auch nicht immer leicht hatte, und der junge Werther als sein Alter-Ego hat ebenso zeit seines lyrischen Lebens auch immer unter dem Endgegner Frau gelitten.

Aber ganz ehrlich, welcher Mann hat es nach eigener Aussage schon leicht?! Die Liaison mit Christiane Vulpius war ein Skandal im damaligen Sachsen, weil Goethe dermaßen bemerkenswert unter Stand liiert und Christiane wohl auch eher einfacherer Natur war. Da kam die Weimarer Schickeria nicht mehr mit. Kurzum, Goethe hätte ja auch einfach jemanden aus seinem Lager ans Steuer lassen können. In der Summe ist das umtriebige Verhältnis zu Frauen unseres deutschen Vorzeigepoeten der Vorbote einer hodenlosen Frechheit, wie wir sie auf den folgenden Seiten noch genauer kennenlernen werden. Nur eben Weimarstyle um 1800. Wenn nicht mal der weit gereiste und honorige Stürmer und Dränger Goethe einen intellektuell ebenbürtigen Ferrari, Model Smartevolution, sein Eigen nennen wollte, welcher Mann soll dann bitte einen kaufen wollen?

3. Smart, sexy, sucht

Ich habe einen freundlichen Bekannten. Der ist Fotograf und heißt Andi. Freundliche Bekannte sind solche Leute, die zwar mehr als Bekannte sind, aber das Level eines Freundes noch nicht ganz erreicht haben. Also irgendwas zwischen loser Bekanntschaft und der Verbundenheit einer Freundschaft. Ein freundlicher Bekannter eben. So einer ist Andi. Wir haben uns vor zwei Jahren kennengelernt und teilen das Interesse für Kunst. Andi läuft Marathons nur so zum Spaß, und seine Social-Media-Posts nötigen mich jedes Mal zu der Überlegung, wie lange mein letzter Marathon eigentlich schon her ist. Oder wenigstens ein Halbmarathon. Zehn Kilometer? Drei vielleicht? Während Andi mal wieder für fünf gesportelt hat, habe ich meine Zeit in die Suche nach einer größeren Wohnung investiert und tatsächlich einen Besichtigungstermin für eine begehrte Behausung in super Lage ergattert. Und weil ich Andi letztens traf und ihm beiläufig davon erzählte, meldete er aus Neugierde kurzfristig seine Begleitung an, was mir nicht ungelegen kam. Denn immerhin wollte ich diese Wohnung, das wusste ich quasi ungesehen mit Blick auf das Internetexposé. Und den besten Eindruck macht immer noch derjenige, der die Illusion von geordneten Verhältnissen glaubwürdig vermitteln kann. Doppelte Kaufkraft in Form eines Fotografen-Unternehmer-Paares. Kreativ und zahlkräftig, top Mieter, hier ist der Schlüssel. Neue Wohnung, spannt schon mal den Sonnenschirm auf der Dachterrasse auf, ich komme! Andi stand um 15.30 Uhr an der verabredeten Ecke, und wir bogen zu Fuß in die Zielstraße ein. Der Fußweg gab mir die Gelegenheit, unser nicht existentes Pärchenverhältnis für den Makler zu optimieren.

»Also, wir sagen einfach, wir sind verheiratet, das kommt bestimmt gut«, sagte ich. Andi nickte bestätigend, nur, um nach zehn Metern irgendwie immer langsamer zu werden. Irgendwas war los, ich bemerkte das schon an der Art, wie er plötzlich lief oder besser gesagt: schlich. Dann riss er mich mit der folgenden Anmerkung aus meiner begeisterten Vorfreude auf die Wohnung: »Sag mal, reicht es nicht, wenn wir einfach nur so zusammen sind?«

Ich sage nur Smash-Scratch-Moment!

Gerade noch happy theoretisch verheiratet auf dem Weg zur Dachterrasse und, schwupps, schon wieder theoretisch geschieden. »Warte mal, du würdest nicht mal für eine halbe Stunde ganz kurz theoretisch mit mir verheiratet sein wollen?! Nur so fürs Image?? Das ist ja 'n Ding!!«, brachte ich entsetzt heraus. »Das ist beängstigend. Wieso denn nicht?«

Und weil Andi und ich eine solide Freundliche-Bekanntschaftsbasis pflegen, kann man so was mal fragen, dachte ich mir. »Du würdest mich nicht mal theoretisch heiraten wollen?«, wiederholte ich ungläubig.

»Sag das Wort nicht andauernd!«, lachte Andi.

»Welches Wort? Heirat?«

»Ja, das ist so ein Signalwort, das triggert mich. Im Unterbewusstsein. Da kriege ich Beklemmungen, und das gibt mir so ein Gefühl von ...«

»So ein Gefühl, als ob dir jemand kurz vorm Start die Schnürsenkel deiner Laufschuhe zusammengebunden hat?«, unterbrach ich ihn fragend.

»So ungefähr.«

»Spitzenmäßig, ein Heiratsphobiker«, dachte ich. »Da wird den Frauen immer gesagt, ihr könnt euch alles ewig zurechtanalysieren, bitte schön. Aber ihr habt einfach noch nicht den Richtigen gefunden. Es kommt schon noch irgendwann der mit Heiratspotenzial. Entspann dich. Nee!! Wenn nicht mal mehr theoretisch geheiratet wird, wie soll das dann in der Praxis funktionieren?«

Nun ist es nicht so, dass ich selbst unbedingt und ganz dringend – Obacht: SIGNALWORT – *heiraten* muss, aber für einen straßenromantischen Theorieantrag einen Korb zu bekommen ist schon hart. Am Ende waren dem Makler meine erfundenen geordneten Verhältnisse allerdings ziemlich schnuppe, und wir kamen im Gespräch gar nicht so weit, als dass ich lang und breit meine Familienillusion vor ihm hätte ausbreiten können.

Das kleine BWLer-Einmaleins für Singles

Die Dachterrasse entpuppte sich als schmaler Dachumgang, und was für zwei Leute zu klein gewesen wäre, war es für eine Person am Ende auch. Also: Tschüss, Wohnung, hallo, Abendprogramm. Andi und ich beschlossen, auf die vorzeitige Annullierung unserer Ehe noch ein Bier trinken zu gehen. Man muss die Feste feiern, wie sie fallen. Und wir landeten mit Bier bei mir. Gerade lief die Liveübertragung eines Vorrundenspiels im DFB-Pokal, und weil eine Hand die andere wäscht, machten wir das, bei dem ich am liebsten die Scheidung einreichen würde: unwichtige Vorrunden-Fußballspiele gucken. Zur Halbzeit besprachen zwei Moderatoren des *Aktuellen Sportstudios* die Stärken und Schwächen des Spiels. Junge, stylishe

Typen besprachen fachmännisch, wie junge, stylishe Typen fußballen. Die Garderobe hatte ganze Arbeit geleistet, dachte ich wie nebenbei. Beide sahen lässig adrett und irgendwie hipp aus. Der eine im blauen Anzug mit T-Shirt, der andere mit Jeans und weißem Hemd, leicht hochgekrempelt. Ich musterte beide Knaben kritisch, und mir fiel – warum auch immer – auf, dass es offensichtlich gerade wieder angesagt war, demonstrativ Ehering zu tragen.

Ich schwenke jetzt kurz ab. Aber nur, um gleich wieder den Bogen zu bekommen: »Frauen ab dreißig werden unangenehm und komisch, sich selbst und Männern gegenüber. Zielorientiert zu agieren, ohne anstrengend zu wirken, fällt nicht jeder leicht.« Das hat mein Friseur letztens zu mir gesagt, als ich wehrlos mit dem Kopf rücklings über dem Waschbecken hing. »Die Gesellschaft denkt Weiblichkeit nicht richtig mit«, ließ er mich wissen. »Frauen ab Mitte dreißig merkt man nicht selten an, dass die Uhr tickt. Und Singlefrauen ohne Kinder ab achtunddreißig Jahren zu daten ist ganz gefährlich. Die scheinen immer so unterbewusst auf der Suche zu sein. Männer merken das, und glaub mir, schön ist anders. Das hat so was Bedürftiges«, philosophierte er vor sich hin.

»Die einzige Uhr, die ich ticken höre, ist die Parkuhr, die abläuft, wenn wir hier nicht rechtzeitig fertig werden«, empörte ich mich und verkündete dann großspurig: »Also, ich habe kein Problem mit meiner inneren Uhr, bei mir ist alles paletti. Aber was meinst du mit ›Die Gesellschaft denkt Weiblichkeit nicht richtig mit?‹«

»Na, die Sache mit den ganzen ›Female Overachievern‹. Mädels, die es beruflich draufhaben. Erst verwirklicht ihr euch jahrelang im Beruf und beim Managerinnen-Yoga auf Bali, und ab spätestens Mitte dreißig stellt ihr fest, dass die besten Männer vom Markt sind. Dann wartet ihr ungeduldig auf die erste

Scheidungsrunde in eurer Generation, damit ihr allen übrig gebliebenen Beziehungsphobikern entfliehen und euch in die Arme beziehungserprobter Ex-Ehemänner werfen könnt. Die wissen nämlich, wie der Hase läuft, und dieser Hase läuft vor allen Dingen nicht permanent davon. Ich meine, ihr braucht schon Mut, euer Können nicht zu verstecken. Smarte Frauen: *It's not a bug, it's a feature.*«

»Schön wär's. Manchmal denke ich, ich wäre in der Verwaltung besser aufgehoben. Ich verkaufe mein Unternehmen an irgendwen und mache dann einen 9-to-5-Job in der Führerscheinstelle. Ein Verwaltungsjob ist männlich gesehen schön unauffällig.«

»Das sagst du immer, bevor du den nächsten großen Schritt machst, Herzchen. Hast du auch schon gesagt, bevor du deinen ersten Vertrag mit den Chinesen abgeschlossen hast. Und davor, als du dein Unternehmen gegründet hast. Und nachdem dich dein vorletzter Freund verlassen hat, hast du mir das gleich dreimal erzählt. Ich weiß, was du meinst. Du bist immer in der ganzen Bundesrepublik unterwegs, die jungen Männer können sich ja auf nichts einrichten bei dir. Aber so ist das nun mal. Was ist los mit euch Erfolgsgranaten? Erfolg ist eben kein Ponyhof, sach ich imma. Ihr seid längst keine Exoten mehr. Macht was draus! Die Männer werden sich schon daran gewöhnen. Außerdem könntest du langsam mal anfangen, in die weniger gut beleuchteten Ecken zu gucken und nicht jedem Alphamann im Rampenlicht hinterherzuschauen. Männer, die ihr Frauen gar nicht auf den ersten Blick wahrnehmt.« Ende des Vortrags.

»*Female Overachiever*«, dachte ich auf dem Weg zur Parkuhr und fragte mich, ob dieser Ausdruck womöglich ein gesellschaftliches Konstrukt ist, das nicht wenigen Männern gerade recht kommt. *Overachiever*, das klingt schon nach mehr, als der Normalo überhaupt händeln kann. Das klingt so unnahbar und nach dem Aufbau einer Erwartungshaltung, die die Frauen, welche in diese Schublade gesteckt werden, vielleicht gar nicht erfüllen wollen.

Das auch bei mir eventuell alles gar nicht so paletti war, wie ich noch kürzlich beim Haareschneiden verkündet hatte, fiel mir erst auf, als ich dann einige Tage später mit Andi auf der Couch saß. »Guck mal, noch mal zum Thema Theoriehochzeit: Hast du gesehen, dass die beiden Moderatoren-Boys da im Fernsehen zur Komplettierung ihres Outfits brav ihren Ehering tragen? Das ist doch ein Ding, ist mir vorher nie so aufgefallen. Wann ist das Eheringtragen wieder Mainstream geworden?«

Erwartungsvoll schaute ich zu Andi herüber.

»Nee, hab ich nicht gesehen, aber hast du gesehen, dass der Rechte von beiden keine Socken anhat?«

Hatte ich die Sache mit der selektiven Wahrnehmung eigentlich schon ausreichend erläutert?? Irgendwie bemerkenswert.

Eine Woche später klingelte es an meiner Haustür. Verlags-PR-Toni hatte sich angekündigt, als ich ihr von meinen neuesten Forschungsergebnissen in Bezug auf das Männerdilemma berichtete. »Na?! Hast du schon Strecke gemacht und die ersten Erkenntnisse deiner Spurensuche aufgeschrieben?«, rief sie und lief mir über den Parkplatz jubelnd mit zwei Flaschen Sekt in den Händen entgegen.

»An einem guten Text muss man feilen wie an den Gittern eines Gefängnisfensters, um zum Ziel zu kommen«, mahnte ich oberlehrerhaft zurück, »aber keine Sorge, zwei Flaschen Sekt, ein bisschen Panta rhei, und alles fließt wie von allein.«

Zehn Minuten später standen wir in meiner Küche. »Karten auf den Tisch: Wie weit bist du denn mit deiner Enthüllungsstory über die wirkliche Wahrheit zwischen Männern und Frauen??«, drängelte Toni neugierig.

»Ich würde mal sagen, praktisch war ich schon mehrfach in der Hölle und hab mich da zwischen den Männern umgesehen, und jetzt versuche ich das aufzuarbeiten, also theoretisch nachvollziehbar zu machen, und hoffe, irgendwann ins Paradies der unfehlbaren Erkenntnis hinüberzugleiten, da, wo ich weiß, wieso und weshalb denn, warum und wofür.«

»Hätte niemals geglaubt, dass mir so was passiert, für dich würd ich sterben, war immer bereit, doch jetzt nichts als Scherben, nun weiß ich Bescheid«, sang Toni den Schlagertext für mich weiter. Dann meinte sie: »Das mit der Erkenntnis wollte Eva damals auch, als es Äpfel im Sonderangebot gab, und Wolfgang Petry hat sich das mit dem Wieso und der Hölle auch schon auf hundert Schlagerkonzerten gefragt. Hölle, Hölle, Hölle. Und Erkenntnis. Letzteres hat schon bei Eva damals nicht geklappt. Von Wolfgang Petry kann ich es nicht sagen, aber wenn man seinen Texten glaubt, hat der Mann ja auch genug gelitten. Der könnte bestimmt ebenfalls ein Buch über dein Männerthema schreiben. Nur andersrum eben. Ich kann dir sagen, die praktische Hölle im Job kenne ich in- und auswendig und stecke auch heute noch oft genug zusätzlich in der Praktikantenhölle fest.«

»Sind die jungen PR-Studenten mittlerweile so stressig? Ich dachte immer, die geben wissbegierige und führungswillige Kandidaten in Sachen *Hanky Panky* und Techtelmechtel zu zweit für dich ab«, zwinkerte ich Toni zu.

»Pah, *Hanky Panky*, schön wär's. Solider Geschlechtsverkehr ist schon was Feines. Aber vor den GV hat der liebe Gott die ersten zwei, drei Sätze Wechselgespräch mit den Männern gesetzt. Und da hört schon auf, was gar nicht erst anfängt«, ließ Toni ihren Kopf auf den Tisch knallen und murmelte weiter in die MDF-Platte. »Man muss sich das alles ja leider geben. Ich will doch immer optimistisch und offen bleiben und biete mich neuen Kennlerngesprächen an. Ist aber echt nicht einfach da draußen. Die Sache zwischen Männern und Frauen ist ein Konflikt galaktischen Ausmaßes. Aber wir wollen ja nicht verhärmt oder reserviert oder abgespannt wirken, also immer schön locker durch den BH atmen. Hast du mal darüber nachgedacht, wie sich deine Wirkung auf Männer in den letzten zehn Jahren verändert hat?«

»Ich würde mal sagen: zwiegespalten. Auf die verheirateten Männer allen Alters wirke ich mit Mitte fünfunddreißig interessant, auf die restlich verfügbaren Singles und Unabhängigkeitspiraten eher bedrohlich. Als ich achtzehn war, war das umgekehrt. Da war ich zu jung für die meisten Ehemänner, und einen neuen Freund zu bekommen war nicht so schwer. Oder konkreter gesagt: für die Ehemänner mit achtzehn zu jung, für die Singlemänner mit fünfunddreißig zu alt. Mit achtzehn konnte ich mir die Singletypen aussuchen, und die Ehemänner interessierten sich nicht für mich. Heute, mit fünfunddreißig, interessieren sich die Singleboys im gleichen Alter nicht mehr für mich, aber ich kann mir dafür die verheirateten Männer aussuchen. Früher lernte man sich kennen, und, zack, du erinnerst dich vielleicht, da war ich zum Beispiel plötzlich acht Jahre lang mit Gabriel zusammen. Der hat mich damals in der Disko angequatscht, drei Tage später wollte er wissen, ob das hier was Ernstes mit uns ist, ich habe ›Ja‹ gesagt, und keiner von uns hatte Beklemmungen oder wollte Grundsätzliches zum Thema Mülltrennung oder Gemeinschaftskonto ausdiskutieren.«

»Du hast ihn immer Gabi genannt«, sinnierte Toni.

»Ach ja«, seufzte ich. »Das waren noch Zeiten. Da konnte man so was noch sagen, ohne Gefahr zu laufen, Männergefühle zu verletzen. Gabi hat das immer sportlich genommen, ist zum Fußballtraining gegangen und zur Arbeit, fand schnelle Autos toll und hatte nicht das Gefühl, dass ich ihm vor aller Welt anhand eines Kosenamens die Eier abschneiden will. So einen hab ich schon länger nicht mehr getroffen. Da scheint sich für die Männer etwas grundlegend verändert zu haben, von der Studentin zur Jungunternehmerin mit Buch und Doktortitel. Ich habe manchmal das Gefühl, dass ich im Supermarkt stehe und es sind zwei Kassen geöffnet, und an beiden kassiere ich. Bei der Ida, die unverbindlich und fröhlich mal eben zwei sexy Flaschen Wein über den Pieper zieht, stehen die Männer bis zur Tiefkühlabteilung an. Aber an der Kasse, wo der Familien- und Wochenendeinkauf abgerechnet wird, ist gähnende Leere. Und dann kommt der Filialleiter und rationiert meinen Posten an der Familienkasse weg. Geschlossen wegen ›nix-los‹.«

»*I feel you*. Und zwar so was von«, kam Toni in Fahrt. »Männer sind schon überfordert, wenn ich selbstbewusst den Mund aufmache. Ohne Witz! Und wenn sie dann noch hören, was ich beruflich mache, ist der Ofen aus, bleibt die Küche kalt, und ich kann mir mein Wollen-wir-uns-ein-Taxi-nach-Hause-teilen in die Haare schmieren. Sorry, Mann, ich arbeite in einem Wirtschaftsverlag und interessiere mich eben für den harten Scheiß: Finanzen, Aktien und so, und bin keine Lifestyle-Uschi. Wenn ich eine Bekanntschaft am Tresen in der Kneipe abends mache, dann sind die meisten erst beeindruckt und nicken fast noch anerkennend. Aber nur so lange, bis ihnen auffällt, dass ich die Frau in diesem Dialog bin und sie der Mann. Die glauben dann wahrscheinlich, dass ich eine Kampfemanze bin. Du kannst förmlich zuschauen, wie die Situation dann kippt und dem Gespräch die Füße einschlafen. Guck die Typen an, und ihre Augen verraten dir, dass in ihrem Gehirn plötzlich irgendwas stoppt. Das Licht geht förmlich aus. Alarm! Rückzug! Flucht!

Die Frau weiß mehr über Realtimekurse und Vorzugsaktien als ich. Seitdem sage ich in der Kneipe immer, ich bin Langzeitstudentin und mache gerade irgendwo ein Praktikum. *Datedownsizing* quasi. Irgendwie armselig, ich weiß, klappt aber leider ganz wunderbar, der Praktikantentrick. Ich meine, ich liebe meinen Job, und Angela Merkel ist doch auch verheiratet. Und am Ende kann ich mich auf lange Sicht eh nicht kleiner machen, als ich bin.«

Es folgt nachdenkliches Schweigen auf beiden Seiten.

Mittlerweile kochte eine Portion Nudeln auf dem Herd, und weil Toni gerade dabei war, sich in eine Art Trance zu philosophieren, nahm ich ihr die Gesprächsleitung kurzerhand ab.

»Mit Hack oder *mit ohne* Hack, worauf hat die Lieblingspraktikantin aller Tresenbekanntschaften heute Lust?«

»Mach's mir mit Hack, jetzt ist doch sowieso schon alles egal«, rief sie auf dem Weg zum Klo.

»Letztens hat mir jemand geraten, bei der Männersuche mal in die Ecken zu gucken. Der Lichtschalter im Bad ist übrigens um die Ecke. Wenn du einen Mann findest, bring ihn mit«, tönte ich ihr noch hinterher.

»Was willst du mit zwielichtigen Männern aus dunklen Ecken?«, schallte es zurück.

»Ich meine ja nur, mir wurde jetzt schon mehrfach geraten, mal abseits des Weges Blumen pflücken zu gehen. Da, wo die Blumen wohnen, die sich nicht am Wegesrand mit dem vermeintlich längsten ... äh ... Stiel präsentieren. Weil bei so einem langen Stiel die Wahrscheinlichkeit halt groß ist, dass er abknickt, wenn zu viel Belastung in Form einer schönen großen Blüte obendrauf sitzt.«

»Hä?!«

»Mensch! Du sollst Männer ansprechen, die nicht auf dich

zugehen, sondern selbst aktiv werden. Solide Typen, die wir oft gar nicht wahrnehmen, weil sie unter dem Radar laufen. Männer wollen, dass Frauen sie auch mal ansprechen.«

»Ja genau, erst spreche ich ihn an, und dann teilen wir am Ende des Abends die Rechnung fifty-fifty. Alles wunderbar politisch korrekt. Aber irgendwie unsexy. Wir haben die Quittung für die Emanzipation längst erhalten, da will ich nicht auch noch die Restaurantrechnung zahlen. Die dunklen Männer in den zwielichtigen Ecken – oder war es andersrum?! –, fahren wir denen nicht schon gleich in die Parade, wenn wir auch noch auf dieses Feld männlicher Hoheitsherrschaft einmarschieren? Und ganz ehrlich, ich habe keine Aktien daran, hier übernehmen zu wollen. Auf dem Gebiet spekuliere ich konservativ. Außerdem fängt das Machtspiel an der Stelle doch schon an. Wer hat hier die Hosen an? Wer traut sich was?«

»Ja, aber wer nicht sagt, was er will, kriegt nicht, was er will«, gab ich zu bedenken.

»Ich will Hack. Mit Soße und Nudeln. Mehr erwarte ich heute Abend nicht vom Leben. Außerdem: Du würdest bei deinem Arbeitspensum nicht mal merken, wenn der Richtige vor dir steht. Du hast doch gar keine Zeit für einen Mann. Männer merken schnell, wenn sie nicht die Nummer eins sind«, gab Toni zurück.

»Wenn der Blitz einschlägt, hat man immer Zeit. Nur manchmal bleibt der Blitz ungesehen, weil man in dem Moment die Augen geschlossen hat«, versuchte ich mich zu erklären und war froh, von diesen Ausmaßen menschlichen Miteinanders mit Anfang zwanzig noch nicht gewusst zu haben. Wissen ist Macht. Nichtwissen macht's aber manchmal besser. Ich kenne nicht wenige Frauen, die den Gedanken laut äußern, wie schön es wäre, weniger schlau und erfolgreich zu sein. Das ist mein Ernst. Frauen sagen so was. Um sich anzupassen, um ins System zu passen und nicht zuletzt, um zu einem Mann zu passen. Und um am Ende nicht allein zu bleiben. Hier schreibt gerade eine darüber.

Vor ein paar Tagen kam ich mit meiner Hausärztin auf genau das Thema, als wir ein paar private Worte miteinander wechselten: »Die Sache mit den intelligenten Frauen, ich weiß, was Sie meinen. Aber mein Mann ist ja viel intelligenter als ich. Er hat Physik studiert.« Sorry, aber die Frau ist promovierte Medizinerin! Und hat zehn Angestellte. Ich war bestürzt. Auch, weil ich mich in ihr erkannt habe.

Frauen mit dem Attribut »smart, sexy, sucht« quälen sich mit Gedanken und Träumen bis zur Ohnmacht, sind sich auf der einen Seite selbst nicht gut genug und auf der anderen Seite zu groß für das Gegengeschlecht. Viele Männer schrecken vor Frauen zurück, die vermeintlich übergroß daherkommen. Aber wisst ihr was, Schein und Sein sind auch bei erfolgreichen Frauen zwei Paar Schuhe. Am Ende sitzen viele von ihnen am Sonntag allein zu Hause und schauen neidisch bis traurig auf die Pärchen, die bei sonnigem Wetter gemeinsam im Park spazieren gehen. Habe ich euch erwischt? Ich weiß … Sonntage können lang sein. Und einsam.

Am darauffolgenden Tag beschlossen Toni und ich, einen Ausflug an die Ostsee zu machen. Wir nahmen den Zug, weil der Bahnhof gleich um die Ecke lag. Und weil es draußen januarkalt war, waren viele Leute bis über die Ohren in Mützen, Handschuhe und Schals eingepackt. Als wir auf dem letzten Drücker am Bahnsteig ankamen, fuhr der Zug bereits ein. Im Augenwinkel sah ich, wie ein hochgewachsener, sportlicher Typ an mir vorbeilief. Ich konnte nur erkennen, dass er groß war und ein nettes Figürchen hatte. Wir stiegen zufällig bei derselben Tür ein, und ich erkannte, dass das nette Figürchen

ein alter Kommilitone war, mit dem ich im selben Studentenwohnheim gehaust hatte. Das war Jahre her.

»Mensch, Christoph, wir haben uns ja ewig nicht gesehen«,
freute ich mich.

»Ich gehe mal den Schaffner suchen und versuche, zwei Ti-
ckets für uns zu ergattern«, sagte Toni und machte sich auf den
Weg zum ÖPNV-Fahrgastbegleiter unseres Vertrauens.

Die Freude des Wiedersehens schien indes ganz beiderseits,
also suchten Christoph und ich uns zwei Plätze nebeneinan-
der, um zu erfahren, was es beim jeweils anderen Neues gab.
Christoph hatte damals Medizin studiert, war nun Facharzt
für Neurologie in einem Krankenhaus, bestimmt 1,92 m groß,
blond, sportlich, sechsunddreißig Jahre alt und ich würde mal
sagen, so der Surfertyp vom Äußeren her. Dazu Single: nicht
verheiratet, nicht geschieden, keine Kinder. (Geneigte Leserinnen, diesen Christoph gibt es übrigens wirklich, den habe ich
mir nicht ausgedacht!)

Seitdem ich Christoph kenne, trifft er sich permanent mit
Frauen zum Spaziergang. Über die Jahre mit vielen verschiedenen Damen. Mal mit Pamela, Judith, Corinna oder Barbara.
Mal ist es eine gute Freundin, mal eine Urlaubsbekanntschaft,
nun war es eine Arbeitskollegin, ließ Christoph mich wissen.
Ich finde es sehr unterhaltsam, dass er das seit Jahren so durch-
zieht. Vermutlich ist er mit fast jeder Frau schon mal spazieren gewesen. Nach dem Prinzip, dass jeder jeden auf der Welt
über sieben Ecken kennt, habt ihr vermutlich auch ein Mädel
im Bekanntenkreis, das schon mal mit dem Surferarzt zu Fuß
unterwegs war. Ich war es übrigens auch schon, das muss so
acht Jahre her sein. Christoph geht also seit fünfzehn Jahren
semiprofessionell spazieren und hat bis zum jetzigen Zeitpunkt
noch keine finale Frauenwahl getroffen. Die optimale Spazier-
gängerin war offensichtlich noch nicht dabei. Leider kam ich

im Verlaufe der Zugfahrt davon ab, Christoph zu fragen, warum die Spaziermethode noch keine nachhaltigen Familienerfolge hervorgebracht hatte. Vielleicht rufe ich ihn bis zum Ende dieses Buches noch einmal an und frage nach einem Klartextkaffee. Ich schreibe seine Antwort dann gerne hier auf, seid gespannt.

Was wir aber beredeten, war ein weiterer, real existierender Fall von selektiver Wahrnehmung oder, besser gesagt, von persönlicher Fokussierung.

Er: »Was machst du so? Ich habe gesehen, dass du ein Buch geschrieben hast. Glückwunsch. Das ist bestimmt spannend.«

Ich: »Ja, ein Nice-to-have. Natürlich kein Must-have, um gut durchs Leben zu kommen, aber Spaß macht es schon, und ich bin dabei, ein zweites Buch zu schreiben. Eins über Männer und Frauen. Weil mir aufgefallen ist, dass es so ein Ungleichgewicht ab Mitte dreißig gibt.«

Er: »Verrückt!! Ich weiß genau, was du meinst! Plötzlich wollen alle Kinder und Familie und so, und es gibt so ein krasses Überangebot.«

Ich: »Äh, nein. Was für ein Überangebot? Wo triffst du denn diese ganzen Leute? Es ist doch eher so, dass keiner in unserem Alter mehr frei ist und niemand Kinder und Familie und Verbindlichkeit sucht.«

Er: »Ich habe ein ganzes Telefonbuch auf meinem Handy gefüllt mit entsprechenden Nummern.«

Ich schaute Christoph verdutzt an, und gerade als er mich fast davon überzeugt hatte, dass es einen geheimen Ort zu geben scheint, wo alle bindungswilligen Singlemänner gehortet werden, fiel es mir auf: Ich sprach von Männern, Christoph von Frauen. Jeder benannte seine Lebenswirklichkeit.

»Ja, Männer wirst du nicht mehr viele finden in deinem Alter. Aber bindungswillige Frauen gibt's wie Sand am Meer. Mit einer gehe ich gleich an der Ostsee spazieren«, stellte Christoph lachend fest und stieg beim nächsten Halt aus.

Ich sage es ja nur ungern, ABER: Wer das Prinzip von Angebot und Nachfrage aus dem BWL-Grundkurs einmal richtig verstanden hat, der weiß, dass Singlefrauen mit einem Funken Anspruch ab fünfunddreißig einfach am Arsch sind.

4. Einmal mit Schneid und Rückgrat, bitte

Vor ein paar Seiten habe ich euch meine Freundin Anna vorgestellt. Anna hat Kulturwissenschaften und Portugiesisch studiert. Nebenbei promoviert sie im Bereich frühkindliche Erziehung. Und entwirft pädagogische Konzepte für Umweltparks. Und ist im Hauptberuf Lehrerin. Und hat Familie. Sie ist ein voller sozial engagierter Erfolg, könnte man sagen.

Mit Anna verreise ich hin und wieder, und das sehr gerne, denn dann ist es einmal mehr wie früher, bevor Mann, Kind und Karriere ihr neues Lebenszeitalter eingeläutet haben. Im letzten Sommer sind wir nach Bulgarien geflogen. Unser Hotel war ein romantischer Sowjetblock mit Blick auf den Hausberg von Sofia. Anna hat eine ausgeprägte spirituelle Ader und nimmt dann und wann an Kursen wie »Brotbacken für gutes Karma im nächsten Leben« oder »Seelenheil und Spaß dabei« teil. Dafür fliegen wir beide dann auch gerne mal zusammen bis ans Schwarze Meer. Positives Karma kann man schließlich nie genug haben, und Brot wird auch immer gebraucht. Für gewöhnlich verabschiedet sich Anna im gemeinsamen Urlaub nach dem Frühstück, und ich hole sie am Nachmittag aus der jeweiligen Karma-Einrichtung ab und lasse mir berichten. Denn während sie für unser beider Seelenheil backt, schaue ich mir derweil die Stadt an und trinke Cocktails.

Jedenfalls war an einem sonnigen bulgarischen Donnerstag

Halbzeit im Kurs der Karma-Kneter, was zum Anlass genommen wurde, die ersten Ergebnisse aus Salzteig zu präsentieren. Erst nach diesem Meilenstein würde der spirituelle Backtrupp auf echten Brotteig losgelassen werden, so stand es im Programm. Zur Feier des Tages durften die mitgereisten Partner und Sightseeing-Cocktailschlürfer die kreativen Zwischenergebnisse der Veranstaltung bewundern. Das Zentrum bulgarischer Therapiebackkunst lag in einer kleinen Seitenstraße. Aha, *this is demnach where the magic happens*, dachte ich mir, als ich das Ladenlokal mit installierter Küche betrat.

Wohlwollend betrachtet, hätte es eine Showküche sein können, realistisch betrachtet war es aber eher eine Obi-Pantry mit großem Tisch vor großem Fenster. An diesem Nachmittag lagen viele verschiedene, stark abstrakt anmutende Anhäufungen von Salzteig verteilt auf dem Tisch. Geknetet wurde am Donnerstag zum Motto »Was berührt dich?«, und weil das Feld ein weites ist, durfte jeder Teilnehmer und jede Teilnehmerin ausführlich in das jeweilige Ergebnis einführen. Alle anderen hörten bitte brav zu und erweiterten dabei ihren Horizont.

In der nächsten halben Stunde lauschte ich individuellen Impulsvorträgen zum Thema Meer, Herzen, Familie, Bier, Reihenhaussiedlung und was sonst noch so glücklich macht und berührt. Dann kam eine junge Frau an die Erklärreihe, und neben mir schossen einem Mann spontan die Tränen in die Augen. *Er* war offensichtlich *ihre* Begleitung. Und sie hatte das Grab von Jesus geknetet. Aus Salzteig und in Form kleiner Würstchen, wie sie entstehen, wenn Teig zwischen den Händen gerollt wird. Bei dem Mann brachen alle emotionalen Dämme, als ihm gewahr wurde, dass das personifizierte Leid vor uns auf dem Obi-Tisch lag, und ich versuchte, eine betretende und mitfühlende Miene zu machen. Denn offensichtlich passierte hier gerade Großes. Etwas Bewegendes. Jesus und sein Würstchengrab waren unter uns.

Ich gab mein Bestes, um in den emphatischen *I-feel-you*-Modus zu switchen. Aber es ging nicht. Und leider wusste ich auch genau, warum mir das nicht gelang. Es lag nicht an den salzverkrusteten Bekenntnissen auf dem Tisch oder den hyperkreativen Teilnehmern. Nein, ich war irritiert, weil da ein Mann vor einem Haufen Salzteig in die Knie ging. Also gefühlstechnisch gesehen. Ja, ich weiß, Männer dürfen weinen. Ich bin auch dafür. Es gibt Momente, da muss es einfach raus: Wenn engagierte Wochenendtüftler mit der Kreissäge abgerutscht sind und der Notarzt noch das linke Bein einsammelt oder wenn liebe Menschen in ein besseres Leben entschwinden oder die Freundin Schluss macht, lasst die Tränen laufen. Kein Ding. Von mir aus heult auch, wenn Bayern zum hundertsten Mal Deutscher Meister geworden oder Stuttgart zum zwanzigsten Mal abgestiegen ist. Das finde ich legitim. Einen Klumpen salziger Knete zu beweinen lässt meine Eizellen allerdings nicht vor Freude hüpfen.

Was sie hingegen hüpfen lässt, sind eine ganze Reihe von Männerthemen, die ich eher sportlich sehe. Größenwahn zum Beispiel. So was amüsiert mich eher, als dass es mich wirklich abschreckt.

Anna hat übrigens an diesem Nachmittag auch nicht geweint. Aber im Gegensatz zu mir reicht das Verständnis ihrer Eizellen über das der meinigen hinaus. Sie ist so aufgeschlossen und reflektiert in Sachen Emotion und Gefühlsleben, wie man es wohl nur sein kann. Will sagen, sie wird bestimmt mal eine tolle Therapeutin oder Pädagogin mit Verständnis für allerhand emotionale Würstchenbuden.

Mit dem Campingstuhl in die Buchhandlung

Meine Bekannte Maria ist an der Emotionsfront ähnlich wie Anna unterwegs. Beide bringen viel Verständnis für Männertränen auf. Ihr Mann weint frei von allen Hemmungen bei Helene-Fischer-Konzerten, wenn Helene mal wieder gekonnt beherzt ins Mikrofon haucht, und Maria kann damit gut leben. Dafür hat sie einen scharfen Blick auf alles, was aus ihrer Sicht männlich-übergriffig daherkommt, und kennt an dieser Stelle auch kein Pardon. Letztens war es ein Ratgeber, der Marias Puls hochschnellen ließ. Allein das Buchcover löste ungesunden Bluthochdruck bei ihr aus. Welche Qualitätsschrift ich meine, möchtet ihr zu recht wissen? Es handelt sich um ein Selbsthilfebuch für Männer, die laut Amazon-Beschreibung unter *omG* leiden: eine körperliche Besonderheit und Traum vieler Männer ... opulente männliche Genitalien.

Maria erzählte mir von ihrem persönlichen Buch-Gate, als wir uns neulich zufällig beim Einkaufen trafen. Wir kennen uns seit Jahren aus dem universitären Leben der Stadt, in der wir wohnen. Wir sprachen ein paar Worte zur Begrüßung.

»Ach, Mensch, du hier?!«

»Wie geht's dir?«

»Wie geht's der Katze?«

»Schön, dass wir uns mal wiedersehen!«

Ich erfuhr, dass sie kurz davor war, ein Doktorandenstipendium im Bereich Politikwissenschaften zu ergattern.

»In Vorbereitung auf das Seminar habe ich gestern an einer Onlinekonferenz teilgenommen. Es ging um Nahost und die politische Großwetterlage, und im Rahmen des Stipendiums darf ich auf einem Flugzeugträger in der Ägäis über den Zusammenhang von männlichem Präsenzverhalten in politischen Ausnahmesituationen forschen. Gestern gab es eine erste Besprechung mit der Bundeswehr, und stell dir vor, da hat so ein Soldat ein Buch auf dem Fensterbrett, auf dem stand ›Leben mit einem großen Penis‹. *What the fuck?!* Ich meine, das ist doch krass übergriffig.«

Ich musste lachen, als ich Marias schockiertes Gesicht sah. Sie war wirklich angewidert. Mich spornt so ein Potenzgehabe ja eher an. Also auf die herausfordernde Art und Weise. Wer sich so etwas ins Büro stellt, der darf von mir erwarten, dass ich nicht klein beigebe, sondern intellektuell von ihm fordere, was sein Fensterbrett großspurig auf der körperlichen Ebene verspricht. Mein »Davon lässt du dich aus dem Konzept bringen?« bescherte mir Marias ungeteilte Ungläubigkeit.

»Ekelhaft ist das!«, ließ sie mich wissen.

Ich war derweil indifferent, auch aus dem Grund, weil es mich wirklich nicht berührte, sondern eher amüsierte. Wer so ein Buch offensiv zur Schau stellt, gibt meiner Meinung nach Privates preis, und damit meine ich nicht die paar Zentimeter in der Hose, sondern Einblicke in den Bereich zwischen beide Ohren. Ich frage mich bei so was immer: Was will mir mein Gegenüber damit sagen? Im besten Fall, dass er Humor hat. Aber welche Informationen sendet die Metaebene noch? Was soll das Buch über seinen Leser aussagen? Vielleicht, dass hier Schneid, Rückgrat und Potenz zu Hause sind?

Schön wär's.

Dann würde ich mich mit einem Campingstuhl in der Buchhandlung meines Vertrauens demonstrativ neben dem Buch platzieren und mir die Telefonnummern aller Männer besorgen, die den Ratgeber kaufen. In der Hoffnung, dass nicht sowieso neunundneunzig Prozent der Buchkäufer danebengegriffen haben und lieber die Buchtitel »Heile dich selbst« oder »Der Sohn und seine Mutter – Eine lebenslange Bindung« zur Kasse hätten schleppen sollen.

Der Ficus trägt die Verantwortung

Der achtzigjährige Nachbar meiner Eltern hat mich beim letzten Heimatbesuch wissen lassen, er verstehe, wenn ich frustriert sei.

»Die Männer deiner Generation haben einfach keinen Schneid mehr. Aber so was brauchst du eigentlich«, sagte er über den Gartenzaun gelehnt, als wir uns zufällig draußen trafen, während ich am Manuskript zu diesem Buch saß.

»Glaubst du, es liegt an mir?«, wollte ich wissen.

Er dachte kurz nach.

»Du verunsicherst die Männer«, winkte er ab und ging zurück in sein Haus.

»Aber ich will doch gar nicht zur allgemeinen Verunsicherung beitragen«, rief ich ihm hinterher. Doch da war er schon kopfschüttelnd in seiner Haustür verschwunden. Weitere Erkenntnisse wollte er an diesem Tag nicht mit mir teilen.

Ich musste also selbst weiter auf der Aussage herumdenken und fing an, mir Folgendes zusammenzureimen: Männer lassen sich also von Frauen verunsichern. Aha.

Wie merkt frau das?

Frau bemerkt diese Unsicherheit nicht auf den ersten Blick, aber im Zweifel immer am Verhalten. An Vermeidung, Ausreden oder indem Männer Sachverhalte einfach aussitzen. Sie sitzen und sitzen und sitzen und ziehen dann, wenn es gut läuft, überhaupt emotional nur ihre Zimmerpflanze zur Verantwortung, quasi als Übersprunghandlung. Da ein Ficus aber nicht alle persönlichen Probleme auf einmal lösen kann, bleibt nur, sich einmal mehr zu straffen und den unvermeidbaren Fragen direkt ins Auge zu blicken. Damit meine ich aber nicht solch absolut wichtige und fundamentale Frage wie: Haben wir das

Klingeln vom Pizzamenschen überhört? Sondern: Was ist es, das Männer vor selbstbewussten Frauen zurückschrecken lässt?

Als Antwort schlicht »Angst« zu nennen, lassen einerseits die Männer selbst nicht gelten, und es ist mir, gelinde gesagt, auch einfach zu wenig, um ein Phänomen zu erklären, das nicht wenige Frauen regelrecht *unglücklich* macht. Vielmehr halte ich es für ein eher diffuses Gefühl, neben Frauen auf Augenhöhe, sei es beruflich oder privat, nicht bestehen zu können. Dabei ist die Diffusität aber männlich-hausgemacht und wird ihnen nicht von den Frauen aufgezwungen. Oft genug habe ich das Gefühl, viele Männer ziehen sich jede *Girl-Boss*-Jacke an, die irgendwo rumliegt und ihren Weg kreuzt. Will sagen, viele Männer sehen in unabhängigen und smarten Frauen ein Problem, wo es de facto eigentlich keines gibt. Der Irrsinn an der Sache ist und bleibt, dass nur die wenigsten Frauen überhaupt mit Männern konkurrieren *wollen*. Die überwältigende Mehrheit will kooperieren, um zielführende Ergebnisse zu schaffen. Ob das Ergebnis nun eine gut funktionierende Ehe ist oder die nächste Zielvereinbarung im Konzern, sei dahingestellt. Das ist Höhlendenken und tief in uns verankert. Denn schon vor zigtausend Jahren war uns Frauen klar, dass nicht diejenige gewinnt, die die dickste Beere gesammelt hat, sondern wer zusammen mit allen anderen möglichst viel Essbares in die Höhle geschleppt hat.

Was früher Wurzeln und Beeren waren, deren Anhäufung für Männer ungefährlich daherkam, sind heute beispielsweise Frauen mit Social-Media-Kanälen, die Hunderttausende Follower gesammelt haben und sich folglich Gehör verschaffen können. Angehäuftes Expertenwissen in vermeintlich männlich konnotierten Bereichen wie Wirtschaft und Ingenieurwesen sowie Selbstbewusstsein bringen Frauen in die Chefsessel, während die Männer ihre traditionellen Felle davonschwimmen sehen. Und im Zweifel sitzt *sie* dann auch noch im Chefsessel ihres eigenen Unternehmens. *So what?* Kein Grund, den großen Penis einzuklappen, mit dem laut Amazon-Verkaufszahlen offensichtlich reichlich Leute von euch leben, den Ficus anzustarren und darauf zu warten, dass das alles schon irgendwie wieder weggeht. Frauen sind erfolgreich. Sie sind aufgeklärt, modern und stark. Das geht nicht mehr weg. Aussitzen ausgeschlossen. Entspannt euch zur Abwechslung! Amen. Oder besser gesagt: Wuuusaaa.

Erics *Point of no return*

Apropos *Wusa:* Ich möchte euch an dieser Stelle gern einen besonderen Menschen vorstellen, meinen Kumpel Eric. Eric ist neununddreißig Jahre alt und sieht im Anzug aus wie ein smarter Topunternehmer. Ein solches Foto hängt an Erics Küchentür, und ich gebe zu, ich bleibe jedes Mal daran hängen, wenn ich ihn besuche, so schön finde ich das Foto, oder vielleicht bin ich auch einfach in die Vorstellung verliebt, die es vermittelt.

Etwa alle zwei Jahre mache ich mich auf den Weg nach Magdeburg, denn dort wohnt Eric. Er ist kein Unternehmer, sondern Yogalehrer mit einem abgeschlossenen Masterstudium in Yoga von einer indischen Universität.

Eric und ich haben uns in einer Burnout-Klinik kennengelernt. Ich habe eine Freundin besucht, und Eric verbrachte dort einen Intensivaufenthalt. Zwei Monate ärztlich verordnete Zwangsentspannung für jemanden, der sich eigentlich von Berufs wegen schon 7 x 45 Minuten jeden Tag entspannen muss. Ich weiß, das ist der Witz schlechthin: ein Yogalehrer als Patient in einer Burnout-Klinik. Aber ich schwöre, so war es.

Als ich Eric das erste Mal sah, gab er gerade einen Kurs für entspannungswillige Mitpatienten. Anfangs dachte ich noch, er wäre ein angestellter Yogaleiter, aber Eric konnte einfach nicht abschalten und hielt auch im Epizentrum der ärztlich verordneten Entspannung noch im Geheimen Kurse ab und ging damit faktisch gesehen während seiner Krankschreibung arbeiten. Ich sah Eric im Vorbeigehen, als er gerade auf einem Harmonium (ein Mix aus Miniklavier und Luftfächer) das Mantra Hare Krishna gebetsmühlenartig hundert Mal im leichten Singsang wiederholte. Ich zog mir einfach die Schuhe aus, legte mich spontan auf eine freie Matte und machte mit. Nach dem Kurs kamen wir ins Gespräch.

Das ist jetzt acht Jahre her, und seitdem himmele ich in regelmäßigen Abständen das Unternehmer-*look-a-like*-Foto an der Küchentür an.

Ich fuhr also mal wieder nach Magdeburg. Dort angekommen erzählte ich auch Eric von meinem Unterfangen, herauszufinden, was so viele Männer im Umgang mit heutigen Frauen verunsichert. Er schlug zur allgemeinen Gedankenerweiterung einen Spaziergang vor.

»Eric, ich habe ein Problem. Männer empfinden mich als eine ergebnisorientierte Bedrohung. Dagegen muss man doch was tun können! Ich gebe mir wirklich Mühe, 24/7 *sweet und sexy* zu sein, aber das klappt erstaunlich schlecht. Und ehrlich gesagt ist das auch tierisch anstrengend und einfach zu blöde. Oder nehmen viele Männer erfolgreiche Frauen als cool wahr, und ich merke das einfach nicht? Stichwort ›Tunnelblick‹?«

Es war nachmittags um halb drei, und wir spazierten mit vielen anderen Magdeburgern die Elbe entlang. Schweigend gingen wir ein paar Schritte, dann antwortete Eric:

»Ich denke schon, dass Männer erfolgreiche Frauen interessant finden.«

Frei nach dem Motto: Alles vor dem »Aber« ist nur Geschwätz, hakte ich gespannt nach: »Aaaaber?!«

Eric schaute beim Gehen abwechselnd auf die Gehwegplatten und dann wieder aufs Wasser.

»Aber es gibt für viele Männer einen *point of no return*, der überschritten ist, wenn klar wird, dass das Alphamännchen im Revier plötzlich zwei Brüste hat. Dein letztes Buch ist ein gutes Beispiel.«

»Das verstehe ich nicht. Es ist nur ein Buch, und es sind nur ein paar Zeitungsinterviews dazu gewesen. Und vielleicht noch ein oder zwei Einladungen zu Kongressen. Aber das macht doch keinen anderen Menschen aus mir und schon gar keinen Mann«, versuchte ich das letzte Jahr zusammenzufassen.

»Doch! Ab sofort bist du das Alphamännchen in dieser Stadt, im Revier und selbst hier beim Spaziergang zwischen uns beiden. Das kommt von deinem Erfolg, Männer begreifen das als Konkurrenz«, erwiderte Eric und schaute mich dabei direkt an.

Ich fand diesen Punkt interessant und zückte, so wie ich es im letzten halben Jahr insgesamt zweihundert Mal und auf den letzten fünfhundert Metern weitere sechs Mal getan hatte, mein Telefon, um mir während des Gehens Gesprächsnotizen zu machen.

»Siehst du, genau das meine ich!«, fuhr Eric mich von der Seite an. »Steck jetzt endlich das Scheiß-Handy weg, und hör auf, alles, was ich sage, zu notieren.«

»Aber es ist doch für das neue Buch. Ich finde das, was du sagst, total spannend.«

»Hör einfach auf damit, denn selbst hier zeigst du mir einmal mehr, dass du es irgendwie draufhast und schon am nächsten Buch schreibst. Dein Können schwingt im Subtext mit. Immer. Und ich denke dann, die Frau schreibt das nächste Buch, ich kann kaum einen Yoga-Flyer gestalten.«

Rumms, das saß.

Und plötzlich fiel mir auf, dass ich offensichtlich unfreiwillig überall *Girl-Boss*-Jacken rumliegen ließ, die auch Yoga-Eric sich nur allzu gerne anzog. Aber dieses Mal begriff ich, dass ich mir in den letzten Monaten und ohne dass ich es wusste, noch einen großen Alphamännchen-Aufkleber vorne *und* hinten auf die Jacke genäht hatte. Einen, der auch noch zu blinken schien.

Man kommuniziert auch, wenn man nicht kommuniziert. Oder besser gesagt, man kommuniziert nicht nicht. Das ist durchaus bekannt. Aber ich war zum subversiven Objekt geworden, das permanent Alphamännchen-Signale sendete. Egal, ob ich nachmittags in Sachsen-Anhalt spazieren ging oder auf einem Kongress sprach.

»Weißt du, das ist alles ein irrsinniger Widerspruch«, erklärte ich Eric. »Ich hätte gerne einen Hund. Einen Weimaraner. Schöne, große graue Hunde mit kurzem Fell. Weimaraner allerdings sind keine Familienhunde, sondern sie sind auf den Rudelführer geprägt und brauchen eine konsequente Hand. Ich hätte so wahnsinnig gerne einen, aber ich könnte ihn niemals führen, er wäre der Chef.«

»Du kannst keinen Hund dominieren? Das glaube ich dir nicht, du bist das perfekte Alphatier, Ida. Du bist konsequent und verbindlich. Hunde merken so was.«

»Ja, ich bin konsequent. Aber ich habe auch Angst. Und der Hund merkt im Gegensatz zu Männern sofort, dass ich Angst vor ihm habe. Männer merken das nicht, die sehen nur ihre eigenen Konkurrenzambitionen. Der Hund degradiert mich postwendend auf den zweiten Platz hinter ihm auf der Rudelführerliste, noch bevor ich ihm die erste Schüssel Hundefutter präsentiert habe. Und die Männer? Kriegen Beklemmungen wegen ein paar Seiten bedrucktem Papiers.«

Am Ende eines jeden Spaziergangs ist es bei Eric und mir

mittlerweile zum Ritual geworden, in der Dönerbude unseres Vertrauens einzukehren. *Alibaba und die 40 Döner* blinkt uns schon von Weitem entgegen. Wir kauften »zwei Döner komplett, mit Zwiebeln und scharf, einmal mit und einmal ohne Knoblauchsoße« und lehnten uns an einen der Stehtische. Um uns herum herrschte Hochbetrieb, und die Fladenbrote wurden im Sekundentakt über die Theke gereicht. Als es ums Bezahlen ging, zückten wir beide unser Geld, und Eric sagte »Lass stecken, ich lade dich ein.«

Da ich weiß, dass Eric als Yogalehrer nicht gerade in Geld schwimmt, war ich kurz versucht, ihn wegzudrängeln und zu sagen, »Nee, ist schon gut, ich mach das.« Aber ich schaltete den blinkenden Alphamännchen-Aufnäher in diesem Moment bewusst aus und bedankte mich für den Freundschaftsdöner.

»Mach dir keine Sorgen, ich bin transfinanziell«, erklärte mir Eric, als er in den Döner biss. »Das bedeutet, ich bin reich im Kopf und habe theoretisch viel Geld, lebe aber leider im Körper eines armen Menschen. Mir geht es gut. Es könnte gar nicht schöner sein. Und für dich finden wir auch noch einen lässigen Typen mit Schneid und Rückgrat.«

»Ist heute leider aus! Bekommen wir auch nicht mehr rein!«, brüllte Alibaba im selben Moment quer durch seinen Laden in unsere Richtung. Ich zuckte ob des Omens kurz zusammen und bemerkte, dass hinter mir am Kühlschrank ein anderer Kunde nach Ayran gefragt hatte.

Schneid und Rückgrat waren hoffentlich noch lieferbar.

5. Wer schlau sein will, muss leiden

Ich saß gerade in einem Zug von München nach Berlin, als ich mich ertappt fühlte. Und zwar von Florian Schröder. Meine Mutter sagt immer, es gibt keine Zufälle, und so fand sie es dann auch wenig erstaunlich, als ihr neulich sein Buch *Frauen: Fast eine Liebeserklärung* ganz oben auf meinem Noch-zu-lesen-Bücherstapel entgegenfiel.

»Das Buch gab's im Ausverkauf. Ich habe nur danach gegriffen, weil ich den Titel interessant fand. Mehr steckt nicht dahinter«, hatte ich lapidar auf ihren fragenden Blick geantwortet. Sie glaubte mir nicht. Im ersten Moment fand ich das wie immer anstrengend, aber sie hatte natürlich recht. Die kleine Abhandlung fiel mir zu der Zeit in die Hände, als ich anfing, mich zu fragen, ob es diese ganzen Anstrengungen, die es mit sich bringt, eine ehrgeizige und unabhängige (Karriere-)Frau zu sein, eigentlich wert waren.

Dass ich im Endeffekt zu diesem Buch griff, sagt mindestens genauso viel über mich aus wie das Penisbuch aus dem letzten Kapitel über seine Käufer. Männer wollen ihre Umwelt beeindrucken, und ich fragte mich, ob ich überhaupt liebenswert bin und ob es nicht viel besser wäre, gehirntechnisch, na sagen wir mal, weniger komplex strukturiert zu sein.

Der Satiriker Florian Schröder greift genau diesen Gedanken in seinem Buch auf und schreibt kurzweilig darüber, was heutzutage von Frauen erwartet wird. Im Zug nach Berlin bleibe ich irgendwo zwischen Jena und Leipzig auf Seite 28 hängen. Er ruft die Frauen zur radikalen Verdummung auf. Back-to-zero-Intelligenzquotient baut Hemmungen und Barrieren bei Männern ab. Er empfiehlt, die Doktortitelurkunde gegen eine Nagelstudiogewerbeanmeldung einzutauschen. Ich fühle mich angesprochen.

Und natürlich weiß ich, dass das Satire ist. Aber in jedem Scherz steckt auch ein Funken Wahrheit. Florian Schröder allerdings hat mit dieser Beobachtung bei mir nicht nur einen Funken erzeugt, sondern gleich ein ganzes Haus niedergebrannt. Touché! Es fehlt nur noch die Aufforderung: »Gebt euer Gehalt als unverhältnismäßig hoch zurück!«, und fertig wäre sie, die Anleitung zum Lachend-in-die-Kreissäge-Laufen.

Die Gehälterfrage ist ein scharfes Schwert

Angeblich verdienen viele Frauen unverhältnismäßig viel Geld. Das habe ich in mehreren persönlichen Gesprächen zu diesem Buch erfahren müssen. Als »unverhältnismäßig« hoch wird das Gehalt aber nicht in Bezug auf die Kollegen oder irgendeinen Tarifvertrag oder im Vergleich zur geleisteten Arbeit empfunden, sondern in Bezug auf das Gehalt des eigenen Partners. Jedenfalls aus der Sicht des jeweiligen Mannes.

Das erste Mal wurde ich stutzig – begriff aber die Tragweite damals noch nicht –, als ich den bereits erwähnten Lars Dengler kennenlernte, der sich anschickte, mich näher kennenlernen zu wollen. Wir verbrachten ein gemeinsames Wochenende am Tegernsee, und es lief richtig gut.

Tolles Wochenende, toller Mann, toller See.

Am Sonntag hielten wir, kurz bevor sich unsere Wege trennten, noch an einem botanischen Garten mit angeschlossenem Café. Lars und ich saßen in der Sonne, und wir kamen auf unsere Jobs zu sprechen, weil wir zu der Zeit beide beruflich in der Bankenbranche unterwegs waren. Fragt mich nicht, wie und warum, aber es kam zum Gehaltsvergleich. Im Nachhinein denke ich, ich habe das forciert. Ich wollte es! Nicht, um mich zu messen, denke ich, sondern weil ich neugierig war. Wir waren beide in vergleichbaren Positionen angestellt. Ich war damals einunddreißig Jahre alt, er zwei Jahre jünger. Ich fragte nach seinem Gehalt, und er nannte es mir.

Ich war erstaunt, als ich die Zahl hörte. Nicht weil es so viel war, sondern weil mein Gehalt nur so wenig darüber lag. Er fragte berechtigterweise dann auch nach der Zahl auf meinem Lohnzettel, und ich erzählte ihm wahrheitsgemäß, dass mein Monatssalär fünfhundert Euro brutto über seinem lag. Nur fünfhundert Euro brutto!! In der Bankenwelt ein Nichts. Trotzdem bemerkte ich, wie er stutzte. »Du bist doch aber eine Quereinsteigerin«, ließ Lars mich wissen. Er sei doch derjenige, der Wirtschaft studiert und sich im Studium auf eine Bankenkarriere vorbereitet hatte. Stimmt, ich war eine Quereinsteigerin und hatte es geschafft, als Kunsthistorikerin im Finanzsektor unterzukommen. Ich war aber im Gegensatz zu ihm eine Quereinsteigerin mit Doktortitel, Berufserfahrung und zweijährigem Auslandsstudium an einer Spitzenuni. Er kam gerade frisch vom Studium auf die Position. Und lag nur fünfhundert Euro brutto unter meinem Gehalt. Seiner Ansicht nach verdiente ich zu viel. Mir wurde hingegen schlagartig klar, dass ich mein Gehalt richtig schlecht verhandelt hatte.

Und da saßen wir nun am Tegernsee, und irgendwas brach kaputt, noch bevor es richtig angefangen hatte. Von da an vergaß Lars immer öfter sein Portemonnaie im Büro, wenn wir zum Mittagessen verabredet waren, und ich zahlte für uns. Vielleicht hat er gedacht, die fünfhundert Euro brutto können wir ja erst mal ins Mittagessen investieren, bis wir beide auf dem faktisch gleichen Kontostand angekommen sind. Er versprach mir im Gegenzug oft, mich zum Abendessen einzuladen, und der Berg an theoretischen Einladungen türmte sich in meinem Kopf auf. Ich habe viele dieser leeren Einladungen noch gedanklich gespeichert, vielleicht lassen sie sich in Zukunft bei passender Gelegenheit noch mal zurückschenken. Ein paar Monate nach unserem Wochenende am Tegernsee erreichte ich eine neue Gehaltsstufe, und irgendwann gingen wir nicht mehr zusammen Mittagessen und auch sonst nirgendwo mehr gemeinsam hin.

Die Gehälterfrage ist ein scharfes Schwert, das schnell entzweit.

Ein Jahr nach meiner Tegernsee-Gehaltserkenntnis saß ich mit meinem alten Kommilitonen David beim Mittagessen. Wir verbrachten in unregelmäßigen Abständen unsere Mittagspausen zusammen, und ich war jedes Mal ganz gespannt darauf, zu erfahren, was es Neues bei ihm gab. Denn David hatte sich selbstständig gemacht und coachte Studenten in Bezug auf effektive Lernmethoden. Sein Start-up-Format hatte es schon bis in die Berichterstattung von *n-tv* geschafft, und er arbeitete seit drei Jahren unermüdlich an dem Projekt.

David ist 35 Jahre alt und promovierter Ingenieur. Als wir das letzte Mal zusammen essen waren, ging ich bereits mit dem Gedanken schwanger, mich selbstständig zu machen. David teilte die ganzen guten Tipps zur Unternehmensgründung gerne, und jeder, der neu auf dem Gebiet anfing, konnte viel von ihm lernen. Wir besprachen die Nutzung verschiedener

Social-Media-Formate und das Aufsetzen rechtlicher Strukturen, bevor ich zu der für mich wichtigen Frage kam:

»Sag mal, David, wie finanzierst du eigentlich dein Start-up?«

»In den ersten zwei Jahren habe ich mich durch mein Doktorandenstipendium finanziert. Teile davon flossen in das Start-up. Ich habe zwei kleinere Ausschreibungen gewonnen, und jetzt, im dritten Jahr bin ich so weit, dass die schwarze Null am Ende des letzten Quartals stehen wird. Ich wollte keine Kredite aufnehmen, sondern es allein schaffen. Aus eigener Kraft«, sagt er.

»Zahlst du dir selbst ein Gehalt, oder wovon lebst du?«, bohrte ich nach.

»Meine Freundin hat einen festen Job und zahlt unsere Fixkosten, wir ziehen gerade nach Stuttgart um, weil sie dort einen richtig gut bezahlten Posten als Referentin der Geschäftsführung angenommen hat. Wir haben zusammen für das Vorstellungsgespräch trainiert. Ich habe ihr Tipps zur Fokussierung und Entspannung gegeben.«

Nach dem Essen gingen wir noch eine Runde durch die Stadt, und ich blieb plötzlich stehen, als mir noch einmal in den Kopf kam, dass Davids Freundin den Lebensunterhalt für beide zahlte.

»Ich finde es wirklich stark von dir, dass du dich nicht davon einschüchtern lässt, dass deine Freundin gerade das Geld für euch verdient und du aktuell nur wenig zum gemeinsamen Kontostand beitragen kannst. Bemerkenswert, dass du das so locker wegsteckst. Ich habe da schon ganz andere Erfahrungen gemacht«, stellte ich fest, schaute David an und erwartete ein entspanntes Nicken von ihm.

»Weißt du, ganz einfach ist das nicht für mich. Aber ich sage mir immer, wenn ich sie nicht so gut auf das Vorstellungsgespräch vorbereitet hätte, hätte sie den Job niemals bekommen. Sie hat mir den Job zu verdanken, ich habe sie da raufgehievt, und damit ist es ja quasi irgendwie auch mein Geld.«

Ich war wie vor den Kopf geschlagen.

»Das ist doch nicht dein Ernst! Vielleicht hat deine Freundin den Job auch einfach bekommen, weil sie ihn verdient hat und fachlich gut ist?«

»Nein, ich meine, sie ist gut, aber so gut ist sie nun auch wieder nicht, dass sie es ohne meine Hilfe geschafft hätte.«

Da standen wir, David und ich. Ich sah seine Freundin und ihn vor meinem geistigen Auge. Sie als gut bezahlte Festangestellte mit direkter Anbindung zur Geschäftsführung eines großen Unternehmens und er, der seit drei Jahren Studenten das Studieren beibringt, sich selbst verwirklicht und es ohne Kredit und aus eigener Kraft schaffen will, ohne den Strom zahlen zu können. In ihrer Welt waren sie vermutlich ein Paar auf Augenhöhe, und ihr Gehalt verstand sie als selbstverständlichen Teil der Beziehung und trug damit zum gemeinsamen Lebensunterhalt bei, weil es finanziell gerade nicht anders möglich war. In seiner Welt hatte er ihr den Job verschafft, den sie seiner Meinung nach ohne ihn nie bekommen hätte. Aus meiner Sicht finanzierte sie ihm die Selbstständigkeit zum Nulltarif.

Soll man darüber lachen oder weinen? Das müsst ihr für euch selbst entscheiden.

Uns geht es um das große Ganze

Ich habe darüber nachgedacht, an dieser Stelle lang und breit die Gehaltssorgen und -ängste der Männer, nicht mehr Ernährer der Familie und damit im freien Fall und ohne Struktur zu sein, auszubreiten. Aber ganz ehrlich: Nein, für die Bühne haben wir hier keinen Platz. Und sie ist auch nicht notwendig, denn die Quintessenz aller Überlegungen mündet sowieso in der Frage: Wie schwer kann es bitte sein, bei einer lapidaren Gehaltsfrage über seinen eigenen Schatten zu springen?

Frauen begreifen ihr Gehalt oft genug als Beitrag zum gemeinsamen Beziehungsleben. Ich habe mehrfach explizit nachgefragt. Männer hingegen neigen dazu, ihre Gehälter zum Konkurrieren einzusetzen; im Zweifel auch mit ihrer eigenen Partnerin. Aus evolutionsbiologischer Sicht verstehe ich das. Aber aus meiner persönlichen Sicht finde ich es, diplomatisch formuliert, bedauerlich.

Männer haben tausend Möglichkeiten, uns Frauen zu beweisen, dass sie echte Kerle sind, da spielt der Kontostand eher eine untergeordnete Rolle. Okay, auch ich erwische mich von Zeit zu Zeit bei dem romantischen Gedanken, einen Mann zu heiraten, der mehr Geld verdient und mehr Status hat als ich. Ich gebe es zu, auch da komme ich durchaus nur schwer aus meinen biologischen und erlernten Strukturen heraus. Aber ich versuche mich und meine Denkmuster immerhin von Zeit zu Zeit zu hinterfragen und auf ihren Aktualitätsgehalt hin zu überprüfen. Ich wünschte, mehr Männer würden ab und an dasselbe tun. Dann könnten sie erkennen, dass es viele Situationen gibt, die realistisch von außen und mit ein wenig Abstand betrachtet, ihre Männlichkeit gar nicht infrage stellen. Der Gehaltsvergleich in einer Beziehung gehört zum Beispiel dazu. Ich wage zu behaupten, dass es neunzig Prozent der Frauen egal ist, wer finanziell vorne liegt, abseits von romantisierenden Der-reiche-Prinz-auf-seinem-weißen-Pferd-rettet-und-finanziert-mich-Fantasien, die wir alle dann und wann haben. Frauen geht es um das große Ganze. Das Gehalt fließt in die Beziehung, denn das bedeutet für Frauen die Finanzierung von Wir-Zeit. Zeit, die wir mit dem Mann verbringen wollen, den wir lieben. Damit zeigen Frauen nicht, wer den Längeren hat, sondern sind auf der sozialen Schiene unterwegs, um das Bedürfnis nach Bindung zu befriedigen.

An dieser Stelle und zur allgemeinen Ehrenrettung möchte ich aber anführen, dass es Paare in meinem Umfeld gibt, die sehr wohl gut damit leben können, dass *sie* mehr verdient als *er*. Karma-Anna zum Beispiel. Als sie und ihr Mann sich kennenlernten, war ihr Mann Auszubildender, und Anna stand schon fest im Job. Nach sechs Jahren Beziehung hat sich das Verhältnis ins Gegenteil verkehrt. Er hat ein Wirtschaftsrechtstudium draufgepackt, und sie ist mittlerweile zum zweiten Mal schwanger und wird bald die nächste Elternzeit beginnen. Jetzt ist er der Schwerverdiener in der Familie. Wenn sich aber Annas Selbstständigkeit in den nächsten Jahren als Goldgrube herausstellen sollte, wird sie finanziell wieder vorne liegen. Es könnte natürlich auch sein, dass einer von beiden in den nächsten dreißig Jahren arbeitsunfähig wird. Und was, wenn es der Mann ist?

Oder nehmen wir zum Beispiel Roman und Bente, beide Ende dreißig, aus Hamburg. Sie nimmt seit dem Ende ihres BWL-Studiums regelmäßig zwei Stufen der Karriereleiter auf einmal. Und er? Ist seit acht Jahren mit ihr zusammen und laut eigener Aussage »richtig stolz auf sie«. Beide haben gerade ein Haus gekauft. Roman arbeitet als Abteilungsleiter in der Immobilienwirtschaft, und zusammen sind sie ein modernes Powercouple. Und die unaufgeregte Gleichberechtigung, die beide ausstrahlen, wann immer ich sie treffe, entspannt mich bei jedem Radler, das wir an der Alster trinken.

Die Grüne-Gras-Problematik

Gehälter sind verhandelbar und zweitrangig, jedenfalls für Frauen im privaten Rahmen. Was allerdings für viele kluge Frauen nicht zweitrangig und meistens auch nicht verhandelbar ist: das Bildungsniveau des Mannes. Oder anders gesagt, er muss was auf der Kirsche haben. Kein Mann muss bei schlauen Frauen zwangsweise darüberliegen, und gleichberechtigt intelligent bedeutet auch nicht, dass sie eine Abteilung leitet und er dafür zum Ausgleich Raketenwissenschaften studiert haben muss. Nein, eine solide Ausbildung mit Anspruch an das eigene Leben und einer eigenen Meinung genügen in der Tat.

Einer von dieser Sorte Mann ist mein Cousin Theo. Er hat bei Daimler gelernt und steht mit beiden Beinen fest im Leben. Eine Frau und Kinder hat er nicht, denn vor einigen Jahren gab es den einen Moment, der die Weichen in seinem Leben gestellt hat. Theo selbst hat seinerzeit die Gleise verlegt und sich von seiner damaligen Freundin getrennt. Beide hatten die gleichen Hobbys und arbeiteten zeitweise im selben Konzern. Eines Tages ist Theo aufgewacht und hatte das Gefühl, irgendwas verpasst zu haben. Er trennte sich von heute auf morgen, und seine Freundin verstand die Welt nicht mehr. Jetzt, acht Jahre später, versteht Theo die Welt nicht mehr. Denn die Freundin von damals heißt Anna, reist zum Brotbacken nach Bulgarien, ist glücklich vergeben und erwartet, wie bereits erwähnt, ihr zweites Kind.

Theo und ich telefonieren dann und wann, und wirklich kein Gespräch zwischen ihm und mir kommt ohne das obligatorische »Wie geht es Anna?« aus. Hatte ich in den vergangenen Jahren oft den Eindruck, dass er der verflossenen Chance hinterhertrauerte, erreicht das Trauern nun eine neue Dimension: Mittlerweile bereut er die Trennung regelrecht. Eine wie Anna wird er nie wieder finden, sagt er. Theo war zwischenzeitlich mit wesentlich jüngeren Frauen zusammen, die ihn optisch anzogen. Immer wieder aber merkte er, dass eine gemeinsame Basis im Kopf fehlte, und trennte sich. Das letzte Mal sprachen wir, als ich ihn nachts um halb zwölf anrief, weil dringende Fragen zu diesem Buch mich nicht schliefen ließen.

»Hey, Ida, das ist ja eine Überraschung. Kannst du nicht schlafen? Was ist los? Warum rufst du so spät noch an?!«, fragte er in den Telefonhörer.

»Ich möchte ein neues Buch schreiben. Eins über Männer wie dich«, freute ich mich, seine Stimme zu hören. »Ich muss mit jemandem sprechen, den ich lange kenne und der mir ein paar ehrliche Antworten gibt. Ich meine: Wirklich. Ehrliche. Antworten.«

Und weil es einen Punkt gibt, der bei Theo immer zieht, setzte ich das Gespräch direkt beim Thema »Anna« an.

»Anna ist verdammt schlau. Hat das damals eine ausschlaggebende Rolle bei deiner Trennung gespielt?«, wollte ich gerne von ihm wissen.

Theo überlegte kurz.

»Nein, überhaupt nicht. Ich fand es gut, dass man mit ihr über alles sprechen konnte und sie zu fast allem eine Meinung hatte. Tagesaktuelles, Sport, Wissenschaft, Reisen, es gab eigentlich nichts, worüber wir uns nicht unterhalten konnten. Das hat immer sehr gut gepasst. Wir waren ja auch viele Jahre ein Paar und haben zusammengewohnt. Dass sie schlau war, fand ich toll. Aber ich hatte das Gefühl, etwas zu verpassen. Da waren dann andere Frauen auf einmal interessanter. Das berühmte grüne Gras auf der anderen Seite, weißt du.«

»Ich kenne die Grüne-Gras-Problematik, man schaut da immer rüber und sieht nicht, dass der Rasen da auch mit viel Aufwand gedüngt und mit viel Lärm gemäht werden muss. Wenn du mit Anna auf dem gleichen Intelligenzplateau gesessen hast und es angenehm fandest, dich mit ihr auszutauschen, warum hast du dir danach immer Freundinnen gesucht, die erkennbar einfacher gestrickt waren? Du kannst es doch locker mit einer selbstbewussten Frau aufnehmen?«

»Hmm …«, überlegte Theo. »Das hat was mit Überlegenheit zu tun. Es ist einfacher als Mann, wenn du in einer Beziehung intellektuell überlegen bist. Wer die Zügel in der Hand hält, bestimmt, wo es langgeht. Und dumme Frauen sind einfacher zu bekommen, weil sie einfacher zu beeindrucken sind. *(Anmerkung: O-Ton!)* Eine kluge Frau hinterfragt den Blödsinn, den du ihr auftischen willst.«

»Das ist mir zu flach. Dann wären clevere Frauen ein permanentes No-Go und würden über kurz oder lang aussterben.«

»Für eine kluge Frau braucht ein Mann schon Selbstbewusstsein. Denn schlaue Frauen sind bewaffnet. Mit ihrem Verstand. Und du als Mann hast das Gefühl, die hat Waffen, um sich zu wehren, wenn es hart auf hart kommt. Und die wird sie auch benutzen. Gegen dich. Und dann stehst du im Zweifel da. Also wenn es zum Streit oder zur Trennung kommt zum Beispiel. Viele Männer denken, dass intelligente und auch gerade erfolgreiche Frauen sich nicht unterordnen wollen, so nach dem Motto ›Die hast du nicht so einfach im Griff.‹ Dabei ist es egal, ob beide auf gleichem Niveau ausgebildet wurden oder studiert haben. Je schlauer ihr seid, desto präziser ist eben auch das imaginäre Scharfschützengewehr, mit dem ihr rumlauft.«

Ich war am anderen Ende der Telefonleitung einmal mehr baff.

»Macht ihr es euch damit nicht ein bisschen zu einfach?«, wollte ich von ihm wissen.

»Na ja, du musst bedenken, das hört nicht mit der Intelligenz auf. Wer klug ist, verdient auch entsprechendes Geld, und dann kommt vielleicht noch der Erfolg dazu. Ein Mann ist, auch wenn es Männer gibt, die nach außen hin etwas anderes kommunizieren, im stillen Kämmerlein immer im Zwiespalt. Der Großteil der Männer fühlt sich weniger wert, wenn *sie* mehr verdient. Und je erfolgreicher eine Frau wird, desto attraktiver wird sie in unserer Denke für andere Männer. Da müssen wir unsere Beute mit überproportional viel Kraft gegen andere verteidigen und laufen immer Gefahr, dass sie ein besseres Männerangebot bekommt und geht. Herrgott, mich strengt schon allein das Erzählen darüber an. Da lasse ich es lieber von Anfang an bleiben.«

»Aber das ist doch total paradox, was du sagst!!«, stellte ich fest. »Ihr seid schon pro forma und provisorisch eifersüchtig und auf der Hut vor viel Konkurrenz, wenn ihr eine erfolgreiche Frau an eurer Seite habt, und auf der anderen Seite erzählen mir eben jene Frauen, dass gerade sie schon ewig nicht mehr angesprochen wurden. Ihr wollt also mit erfolgreichen Frauen nicht zusammen sein aus Angst vor zu viel Konkurrenz, aber die Konkurrenz schickt sich gar nicht erst an, diese Frauen anzusprechen. Da klafft doch ein Loch! Und am Ende sprecht ihr den Frauen ihr eigenes Mitspracherecht ab, zu entscheiden, bei welchem Mann sie bleiben wollen, und das könntet im Zweifel immer auch ihr sein. Der Mann, der bereits an ihrer Seite ist oder der sich bislang nicht getraut hat, die Initiative zu ergreifen. Natürlich gibt es Frauen, die Macht und Status sexy finden und sicherlich auch immer auf der Suche nach dem Nächstbesseren sind. Aber ihr als Männer lasst ganz viele Tatsachen unter den Tisch fallen. Dinge, die für Frauen wichtig sind und sogar wichtiger als der nächste Alphalöwe mit breiter Brust, wilder Mähne und Rolex am Bein. Verlässlichkeit, ab und an ein paar Blumen oder ein Spaziergang. Ihr unterschätzt das kolossal.

Denn einen berolexten Alphalöwen hat man als Frau nie für sich allein. An dem sind auch andere Damen interessiert, und die zögern – im Gegensatz zu euch – nicht, einen Erfolgsmann für sich zu vereinnahmen.«

Theo atmete laut und nachdenklich in den Telefonhörer, bevor er zum K.-o.-Schlag ausholte, den ich so nicht erwartet hatte:

»Jetzt mal theoretisch gedacht: Angenommen, ich hätte eine Freundin gehabt, die erfolgreich unterwegs war, und ich hätte mich, warum auch immer, getrennt, und nach unserer Trennung wäre sie noch erfolgreicher geworden, dann würde ich mir im Zweifel heute sagen ›Die Trennung war die beste Entscheidung, die ich hätte treffen können. Die macht Karriere, und dann wäre ich am Ende der Depp gewesen. Ich hau ab, alles richtig gemacht.‹«

Was soll man dazu als Frau noch sagen? Liegt die epische Banalität in der Feststellung: Wer schlau sein will, muss leiden!?

Mir fiel bei Theos geballter Resignation gar nichts mehr ein. Selbst eine gut gemeinte Gegenargumentation war praktisch zwecklos und ich als Argumentierende am Ende machtlos.

»Grüß Anna bitte das nächste Mal von mir, wenn du sie siehst«, sagte Theo noch zum Abschluss, und die Wehmut, die mitschwang, produzierte die Art von heilendem Seelenbalsam, den jeder kennt, der hört, dass eine vergangene Liebe die selbst angezettelte Trennung bereut.

Das ist aber auch die Art von Seelenbalsam, der nur kurz wirkt und von dem sich am Ende niemand etwas kaufen kann.

6. Abstriche machen – nicht nur beim Frauenarzt gängige Praxis

Als ich mit den Recherchen zu diesem Buch begann, war mir nicht klar, dass ich damit die Büchse der Pandora öffnen würde. Pandora, wer kennt sie nicht, war eine Schönheit aus der griechischen Mythologie und gleichzeitig eine Strafe für die Menschheit. Weil Prometheus zum Missfallen der Götter einst das Feuer auf die Erde gebracht hatte, sollte Pandora zur Strafe seinen Bruder heiraten. Zeus gab der unbedarften Pandora eine Büchse an die Hand mit dem Verweis, diese den Menschen zu geben. Er betonte dabei mehrfach, dass niemand dieses verdammte Behältnis öffnen durfte. Was machte Pandora? Sie sagt: »Okay, Zeus«, geht um die Ecke und macht die Büchse auf, um nur mal *ganz kurz* reinzuluschern. Sieht ja keiner. Dachte sie jedenfalls.

Was dann geschah, kann man als mythologischen Super-GAU für die Menschheit bezeichnen. Die Welt war bis dahin ein guter Ort ohne Arbeit und Leid. Als Pandora die ihr anvertraute Büchse öffnete, verließen alle Laster und Untugenden die Box und verteilten sich unter den Menschen. Neben all dem Übel befand sich allerdings auch etwas in der Büchse, das jeder von uns nur allzu gut kennt: die Hoffnung. Die Hoffnung wird von Friedrich Nietzsche übrigens als die eigentliche Strafe der Menschheit angesehen. Weil die Hoffnung das Leid verlängert. Ohne Hoffnung würden viele Menschen schon vorher in den Sack hauen, aufgeben oder sich anderen Dingen zuwenden.

Die Hoffnung macht, dass wir bleiben. So betrachtet hat Nietzsche recht, finde ich. Macht's bei euch auch gerade klick? Wie viele Männer hätten wir nicht schon früher verlassen, wenn nicht der letzte Funken Hoffnung auf Besserung permanent querschießen würde. Die Hoffnung, die Zeus Pandora seinerzeit mitgegeben hatte, lag Überlieferungen zufolge wahrscheinlich ganz unten am Büchsenboden und kam daher erst beim zweiten Öffnen an die frische Luft. Da hatte sich das Böse schon verteilt, und seitdem schleicht die Hoffnung immer hinterher und ist oft erst da, wenn schon alles in Scherben liegt. So weit das Sinnbild für dieses Kapitel.

Die Debatten im Vorfeld zu diesem Buch liefen irgendwie immer ähnlich ab. Eigentlich wollte ich nur mal kurz hören, was Freundinnen und Bekannte mit dem *Problemkreis Mann* verbanden. Ich wollte nur fix antesten, ob meine Gedanken zum YX-Chromosomen-Chaos einer einzelnen meiner Gehirnzellen entsprungen war oder ob – Gott bewahre – auch andere Frauen so mit der Herrenwelt zu kämpfen hatten. Und wer hätte das gedacht: Ich brauchte gar nicht viel Überredungskunst, und schon nach ein paar Minuten der Unterhaltung sprudelten Geschichten und Geschichten und Geschichten aus den Frauen hervor. Erzählungen vom Fremdgehen, vom Übervorteilen, vom Unterdrücken. Enttäuschungen, Sinnkrisen und auch von grandios-witzigen Stories. Die hinterherschleichende Hoffnung war übrigens auch immer dabei, kam aber meist erst am Ende des Gesprächs durch Sätze wie »Na ja, wird schon« oder »Wenn wir allein sind, ist er ganz anders« ans Tageslicht. Wie nebenbei kristallisierte sich eine gruselige Quintessenz gescheiterter Lieben und Beziehungen aus den Gesprächen heraus.

Promiskuitive Katzen

Um den lockeren Einstieg zu schaffen, fangen wir am besten mit einem Klassiker an, der das Wie, Was, Warum vernachlässigt und in knackig verkürzter Form wie folgt lautet: Er geht fremd. Oder etwas positiver dargestellt: Er fühlt sich seinem evolutionsbiologischen Auftrag stark verpflichtet und kann es vor sich und seinen Genen nicht verantworten, sich nur an eine Frau zu verschwenden. Also muss er seinen Körper qua »Dienst am weiblichen Gemeinwohl« einer möglichst breiten Frauenmasse anbieten. Gegen so viel Pflichtbewusstsein kann *mann* nur schwer was machen. Zu erkennen an Erklärungen wie »Ähhh … ja … öhmmm … ich weiß auch nicht, wie das passieren konnte. Plötzlich waren wir nackt, und dann saß sie auch schon auf mir drauf.«

Hand hoch, wer dieses eigenartige Gefühl in der Magengegend kennt, das sich ausbreitet, wenn die Erkenntnis sich breitmacht, dass die angerissene Kondompackung in der Wohnzimmercouchritze nicht zum paareigenen Präservativsortiment gehört.

Nicht selten führen derlei haushaltsfremde Kondomverpackungen verständlicherweise zum vorzeitigen Beziehungsende. Durchaus wahrscheinlich ist es aber auch, dass der Mann selbst »ganz überrascht ist« und mehrfach beteuert, dass er auch nicht weiß, wie die benutzte Verpackung unter die Couch gekommen ist. Seine Erklärung: Vermutlich hat die Katze sie da liegen gelassen, das Luder.

Aus eigener Erfahrung weiß ich, dass Pandoras Büchse in solchen Momenten oft mit im Raum ist und einen Spalt breit offen steht und sich bei Frauen die Hoffnung breitmacht, dass es wirklich die promiskuitive Katze war, die beim Wegräumen geschlampt hat. Ich besaß zwar noch nie im Leben einen Stubentiger, auch hatten meine Ex-Freunde keinen, ich habe mich aber mehr als einmal an die Katzengeschichten geklammert, weil ich daran glauben wollte. Schön dumm. Miau.

Immer wenn die Katze aus dem Sack war und wie ein großer rosafarbener Elefant im Raum schwebte, den wahrzuhaben ich viele Wochen oder sogar Monate erfolgreich verdrängen konnte, lief es am Ende aus unterschiedlichen Gründen auf eine Trennung hinaus. Eine Trennung, die ich hinauszögerte, indem ich versuchte, mit dem Elefanten in einer semifriedlichen Koexistenz zu leben. Warum ich das ein oder andere Mal nicht schon früher gegangen bin, habe ich mich oft gefragt. Vielleicht aus Liebe? An dieser Stelle kommt mir oft ein Zitat von Prince Charles in den Sinn, der 1981 in einem Verlobungsinterview mit Diana auf den Kommentar eines Reporters »*You both look very much in love*« antwortete: »*Whatever in love means.*« Was auch immer Liebe bedeutet. Und wenn eine Liebe endet, weil einer von beiden eine Katze zu Hause hat, die inflationär fremde Kondome benutzt, dann ist das ein handfester Grund für einen Abschied.

Einen Vorteil hat dieser älteste aller Trennungshüte: Beide Seiten wissen, woran sie sind. Beide wissen, dass etwas vorgefallen ist, was nur in den seltensten Fällen wiedergutzumachen ist. Da können die meisten von uns irgendwann gedanklich einen Haken dranmachen. Und so schmerzhaft ein Beziehungsende auch ist, bei diesen Männern weiß frau wenigstens, woran sie ist. Warum ich diesem Szenario hier leichtfertig den »Haken dran«-Stempel aufdrücke, liegt bei Weitem nicht an meiner überbordenden Selbstherrlichkeit, sondern an der demütigen Erkenntnis, dass es immer noch schlimmer geht. Eine Trennung ohne erkennbaren Grund ist schlimmer als jeder Seitensprung. Weil diese Art von Trennungsschmerz diffus und nicht greifbar ist. Bevor wir uns aber den neuesten Evolutionsklassen männlichen Beziehungsverhaltens widmen, möchte ich euch Dr. Bettina vorstellen.

Kon-glo-me-rat

Auch ihre Männerbiografie beinhaltet den alten Klassiker: Angefangen nämlich mit Import-Export-Norbert, den sie im Studium kennenlernte und mit dem sie ab Mitte der 1990er zwölf Jahre lang verheiratet war. Mit dem Abschluss ihres zweiten Hochschulstudiums irgendwo zwischen Volljuristin und Diplomingenieurin wickelte sie auch ihre erste Ehe ab, nachdem sie bemerkte, dass Norbert eine Zeit lang nicht nur Flugobst importierte, sondern auch das ein oder andere Früchtchen gleich vor Ort vernaschte.

Nach Norbert kam Rüdiger. Der blieb fünf Jahre und ließ Bettina wissen, dass sie für ihn die eine Frau auf der Welt sei, nach der er so lange hatte suchen müssen. Das Übermaß an Liebe, welches Rüdi täglich gab, pendelte sich im Alltag leider nicht ein, sodass Bettina irgendwann das Gefühl hatte, nicht mal mehr auf der Toilette allein zu sein. Das war sie dann auch in der Tat nicht, denn die von Rüdiger heimlich im ganzen Haus installierten Kameras machten auch vor dem stillen Örtchen nicht halt.

So jedenfalls las sich der Bericht der Staatsanwaltschaft zwei Jahre nach der Trennung.

Nach Überwachungs-Rüdiger, von dem Bettina unbedingt wollte, dass es die ganz große Liebe ist, um über das Ehe-Aus mit Norbert hinwegzukommen, blieb sie zehn Jahre lang allein, zog ihren Sohn groß und kletterte die Karriereleiter einer Behörde nach oben. Ich lernte Bettina in jener Zeit über gemeinsame Freunde kennen und merkte schnell, dass Dr. B., wie ich sie gerne nenne, keine ist, die am Leben verzweifelt.

»Das Leben gibt dir Aufgaben. Vielleicht musst du in diesem Leben das ein oder andere abarbeiten, das du im letzten Leben nicht gemeistert hast«, sagt sie gerne. Eine esoterische Schamanin mit Batikkleidern ist Bettina nicht. Eher eine Frau, der das Leben schon die ein oder andere Aufgabe aufs Berufs- oder Männertablett geknallt hat. Und was macht Bettina? Die meistert diese Aufgaben.

»Weißt du, Ida, du ziehst immer wieder die gleichen Personen an, egal ob im Job oder im Privatleben, weil du gewisse Dinge mit dir selbst noch nicht geregelt hast. Selbstliebe ist so ein Thema. Oder Grenzen ziehen. Jeder Mensch zieht Personen an, die ihn in gewisser Weise spiegeln oder die deine Schwächen aufdecken. Woran klammerst du dich fest? Was kannst du gehen lassen? Warum willst du nicht allein sein oder brauchst deinen Freiraum? Für mich war jede Beziehung in meinem Leben immer auch der Weg zu mir selbst. Eine Gemengelage folgt auf die nächste. Denk mal darüber nach.«

Ich weiß, Bettina klingt abgeklärt, und diese Abgeklärtheit scheint gottgegeben zu sein. Die Art, wie sie über Männer spricht. »Das macht mein Alter«, sagt sie dann gerne erklärend. »Ich bin nicht wütend auf die Männer in meinem Leben. Die perfekte Beziehung gibt es nicht. Abstriche muss jeder von uns machen. Die Frage ist doch, was ist perfekt und wie sieht dein Abstrichergebnis aus? Manchmal treten Männer in unser Leben, an denen wir fast verzweifeln. Ich denke da zum Beispiel an Tom.«

Dr. B. zwinkerte mir zu, und ich wusste augenblicklich, worauf sie hinauswollte.

»Ich weiß nicht, ob ich in der Sache von bereichern sprechen kann.«

Heute kann ich über die vier oder fünf Jahre lachen, die mich mit Tom verbunden haben. Abstriche habe ich in der Zeit jede Menge gemacht. Die meisten davon waren so schmerzhaft wie ein überambitionierter Nasenabstrich beim Coronatest.

Tom war meine vorletzte semifeste »Gemengelage«. Ein attraktiver Typ, historisch eher unbedeutend, aber als Kumpel ganz okay. Tom war schon seit frühester Jugend in Bezug auf Frauen ziemlich, sagen wir mal, geschmacksflexibel: Egal, ob es um junge blonde Mädels ging, deren Führerschein noch warm vom Druck war, oder brünette Fünfzigjährige, die er davon überzeugen konnte, dass ein gemeinsam geteilter Dönerteller auf dem Bett seines Studentenwohnheimzimmers das ultimative Vorspiel war.

Ich kam gerade aus einer acht Jahre dauernden Beziehung und wusste, dass Tom leicht zu haben und keiner schlaflosen Nacht abgeneigt war. Wir kannten uns bereits länger durch einen gemeinsamen Freundeskreis: tausend Mal berührt, tausend Mal ist nix passiert. Er verfügte über viel Erfahrung und forderte keine Verpflichtungen ein. Perfekt. Es gab nur einen ultrawichtigen Benutzerhinweis in Bezug auf Tom, den ich und auch jedes andere Mädchen im Studentenwohnheim kannten: Verknall dich nicht!

Alles easy, kein Problem. Schließlich hatte ich viel zu tun, lag in den letzten Zügen meines Studiums, hatte viele Freunde und war quasi auf dem Weg ins Ausland. Kurzum, ich war gut beschäftigt und hatte nicht vor, Forderungen zu stellen.

Wir verbrachten ein paar Monate zusammen, gingen Angeln, er reparierte Fahrräder, ich sah dabei zu und bastelte lustige Brillen aus Alu-Aschenbechern. Tom besuchte zwar nur selten irgendeine Vorlesung, aber irgendwie kam er mir immer klug vor. Er konnte sich gut verkaufen, studierte manchmal

Maschinenbau und manchmal etwas mit Biologie. Ich fand ihn irgendwann 24/7 toll, er hatte für jedes Problem eine Lösung parat und wenn die Lösung auch einfach nur aus einem gebogenen Metallkleiderbügel bestand, um ein Türschloss über den Briefkastenschlitz in der Tür zu öffnen. Hormone sind eben der Stoff, aus dem Albträume gemacht werden, denn nach spätestens drei Monaten war ich trotz jeder Warnung verknallt, und Tom aber immer noch der unabhängige Typ, der jede fremde Frau genauso aufregend fand wie ich ihn.

Tom, habe ich später gelernt, gehört zu der Kategorie Mann, der einer Frau nie allein gehört, weil er immer schon auf dem Sprung ist, selbst wenn er noch in deinem Bett liegt. Ich dachte damals, wenn er erst mal merkt, wie toll ich bin, wird er schon merken, wie toll ich bin. Äh ... oder so ähnlich. (Man bescheißt sich als Frau ja in der Regel größtenteils auch immer selbst. Aber mehr so auf der gedanklichen Ebene. Wir verschließen die Augen vor dem, was da beziehungstechnisch an unbequemer Wahrheit unmittelbar vor uns liegt. Warum ruft er nach dem ersten Sex nicht mehr an? Die knallharte Frauenlogik: Wahrscheinlich ist er tot. Oder ein Wolf hat ihn auf dem ALDI-Parkplatz angefallen und die Finger abgebissen. Nun kann er ohne Finger natürlich unsere Nummer nicht mehr ins Telefon tippen. Ist ja logisch ... Moment, ich will hier nicht verallgemeinern. *Ich* verschließe die Augen vor der ungemütlichen Beziehungsrealität und glaube an ALDI-Wölfe. Was ihr macht, ist natürlich eure Sache. Vielleicht seid ihr da knallhart unterwegs und segelt immer hart an der Realität. Wer möchte, kann sich aber gerne auch gedanklich bei mir ins seichte Fahrwasser der unwahrscheinlichen Wahrscheinlichkeiten einreihen. Wahrscheinlich sind wir dann sowieso gleich wieder beim »wir«.)

Im Laufe unserer gemeinsamen Zeit begannen Tom und ich

an den unterschiedlichen Polen unserer Gemengelage zu ziehen, denn die Sache zu beenden, das wollte irgendwie keiner von uns. Tom nannte unser Techtelmechtel ein »Konglomerat«, um immer schön auf der unverbindlichen Schiene zu bleiben. Kon-glo-me-rat klatschte ich das Wort beim ersten Hören in Gedanken mit und musste es anschließend googeln: »Ein grobkörniges Sedimentgestein aus Geröllen, die durch kalkige, kiesartige o. ä. Bindemittel verkittet sind.«

Hä?!

Aha, hier: »Eine Zusammenballung verschiedener Materialien im allgemeinen Sprachgebrauch.«

Tom legte eine Null-Bock-Mentalität an den Tag, wenn es um das Thema Monogamie ging. Man könnte auch sagen, er hatte ein arges Monogamieproblem. Oder hatte eher ich das Problem, weil ich mich in Sachen freie Liebe zu eng machte? Ehe ich es mich versah, fand ich mich in so etwas wie einer offenen Beziehung wieder, in der ich nie sein wollte, die ich aber trotzdem versuchte zu akzeptieren, weil … ja, warum eigentlich?! Ich schiebe es wieder auf die Hormone. Oder war das Liebe? Wie dem auch sei, ich machte den ersten großen Abstrich. Allein konnte ich Tom wohl nicht haben. Dann eben teilen … aber Hauptsache irgendwie haben.

Ich streckte meine Bedürfnisse nach ungeteilter Nähe, heulte, nahm mich zurück, versuchte, ihn zu verstehen. Einen Vogel kann man nicht einsperren, bla, bla, bla. Dann heulte ich wieder, und Tom reizte die Situation bis zum Äußersten aus. Meine Nerven sind flexibel wie ein alter Schlüpfergummi. Wirklich. Aber Tom schaffte es, selbst dieses Gummi noch bis zum Anschlag zu spannen und dann schnipsen zu lassen. Er überschritt Grenze für Grenze, denn ich zeigte ihm keine auf. Für ihn war ich zwar in Bezug auf die Uni »ein ganz kluges Mädchen«, aber »für den Alltag leider eigentlich ein bisschen zu dumm.« An dem Tag, als er das sagte, kam ich gerade vom ersten Gespräch mit meinem zukünftigen Doktorvater.

Tom ist nicht die Art von Mann, der trotz vieler Jahre an der Uni mit Abschlüssen glänzt. Die muss er auch nicht haben. Ein Bachelorzeugnis oder ein Doktortitel machen keinen besseren Menschen aus uns. Nichts für ungut, aber Tom hätte ein Abschluss als Lehrer, Gabelstaplerfahrer oder Bäcker vielleicht dabei geholfen, sich über irgendetwas anderes zu definieren als über die Anzahl seiner Bettgeschichten. Das einzige Abschlusszertifikat, das aktuell bei ihm zu Hause an der Wand hängt, ist vermutlich die Bestätigung zum bestandenen Angelschein. Aber trotzdem war es seiner Meinung nach oft genug ich, die schon wieder nicht begriff, »worum es hier eigentlich ging.«

Und ich nahm das so hin, ließ ihn damals zwischenzeitlich sogar kostenlos bei mir wohnen und versuchte die ganzen Katzengeschichten, die Tom mir auftischte, wegzuignorieren. Frauen, die mich auf der Straße ansprachen, weil wir uns doch letztens auf der Party so gut unterhalten haben. (Eine der Partys, bei denen ich früher gegangen bin, weil ich am nächsten Tag arbeiten musste, bei denen Tom aber regelmäßig noch blieb.) Oft genug erreichten mich in den Tagen nach den Partys Nachrichten von fremden Mädels, die uns zusammen gesehen haben: Wenn ich meinen »Kumpel« Tom das nächste Mal sehe, solle ich ihn doch von ihr fragen, warum er nach der Partynacht, die so intensiv endete, nicht mehr angerufen hat. Dass mein »Kumpel« eigentlich mein Freund war und wir zusammenwohnten, muss an Information an diese Frauen irgendwo auf dem Weg verloren gegangen sein. Auf jeden Fall erschien ich gegenüber seinen Auswärtsspielen so vertrauenserweckend und ungefährlich, dass sie mich dann und wann tatsächlich fragten, ob ich denn wisse, inwiefern Tom Single und zu haben wäre. Eine reichlich erniedrigende Situation. An welcher Stelle in dieser Geschichte ist mir – zur Hölle noch mal – eigentlich meine Selbstachtung abhandengekommen!? Ich weiß es nicht.

Nur einmal hat sie sich in all der Zeit gezeigt. Das war an der Supermarktkasse bei REWE. Es ging darum, wer den Einkauf bezahlt. Tom machte keine Anstalten, und ich sah mich genötigt, ihn darauf hinzuweisen, dass ich schon die ganze Miete bezahlte, und zwar von dem Geld, das ich verdiente, während er noch ausschlief, weil die letzte Partynacht mal wieder »sehr intensiv« war. Die im Rahmen meiner Möglichkeiten sachlich vorgetragenen Argumente am Warenlaufband zwischen Einmalrasierern und Prepaid-Karten schienen ihn nicht zu überzeugen. Ich zahlte den Einkauf, und wir verließen den Supermarkt. Angekommen bei unseren Fahrrädern drehte ich mich zu ihm um und schrie ihn an: »Das ist auch mein Geld!!!« Und ich platzierte eine Hundert-Punkte-Ohrfeige in sein Gesicht. Bestnote in der Performance. Mehr geht nicht! Zu sagen, dass ich nicht auch heute noch ein bisschen stolz auf diese sehr energische und nachdrückliche Geste in Vollendung bin, wäre gelogen. Bis heute kann ich seine Wange an meiner rechten Hand fühlen. Und die akustische Untermalung in Form eines tadellosen, saftigen Klatschgeräuschs: filmreif. Ich war erschrocken von mir selbst, sprang aufs Fahrrad und fuhr sofort los, um Abstand zwischen mich und die Ohrfeige zu bringen. Tom stand wie angewurzelt da, und als er endlich sein Fahrrad schnappte, um mir hinterherzufahren, hörte ich, wie ihm die Kette vom Rad sprang, weil er so energisch in die Pedale trat. »Idaaa!«, schrie er mit solchem Nachdruck über den Parkplatz, dass ich der Fahrradkette für ihre Dienste noch heute danke, denn sonst wäre aus unserer Gemengelage an diesem Tag sicherlich ein Handgemenge geworden. Dort an der Supermarktkasse entlud sich mit einem Mal mein ganzer Frust über unsere unterschiedlichen Beziehungsansichten.

Der Anlass: eine Lappalie. Die Ursache: schwerwiegend.

Es war ein Stellvertreterstreit. Das Geld war zwar der Anlass, aber bei Weitem nicht die Ursache für eine Situation, die nicht derart eskaliert wäre, wenn ich das polygame Damoklesschwert, welches seit Monaten über unseren Köpfen schwebte, früher konsequent zur Sprache gebracht hätte. Das habe ich aber nicht. Ich habe es mir ewig schöngeredet. Oder besser gesagt *schöngeschwiegen*.

Zu Hause angekommen suchte ich seine Sachen zusammen und warf sie auf einen Haufen vor die Tür.

»Du kannst beim Fundbüro anrufen und sagen, du hast einen Haufen Klamotten bei dir vor der Tür gefunden, die sollen das mal abholen, das gehört hier niemandem«, riet mir ein Freund. »Das ist rechtlich gesehen zwar so 'ne Grauzone, aber doch irgendwie legal.«

Kurzum: Ich hab's mich nicht getraut. In dem Moment hatte ich einfach keine Eier. Und bereue das noch heute. Unsterblich hätte ich mich mit der Aktion in seinem Leben gemacht!! Aber ich habe die Chance verpasst.

Zwei Tage später hockten wir wieder zusammen. Handgreiflich sind wir davor und auch danach nie gewesen.

Der Konflikt zwischen uns um die konkrete Ausgestaltung des Monogamiegrads unserer Beziehung lief auf der mentalen Ebene ab. Egal wie schlau ich auf dem Papier auch war, aus dieser Verbindung bin ich von allein nicht herausgekommen und erhobenen Hauptes schon gleich gar nicht. Sie hat mich an den Rand des Wahnsinns getrieben. Tom ist irgendwann gegangen, und das Konglomerat zerfiel. Ich habe seitdem nie wieder mit ihm gesprochen. Ab und an höre ich von gemeinsamen Freunden, wie es ihm geht. Und ich frage mich ab und zu, ob ich ihn noch einmal wiedertreffen möchte? Und was das mit mir machen würde, heute, da wir einige Jahre Abstand zueinander haben. Zu sagen, dass er ein Blödmann ist, der sein Ego mit fremdem Sex aufbessert, ist mir zu wenig. Vordergründig mag das so sein. Aber ich war auch der Blödmann, der das alles mitgemacht hat. Ich habe viele Abstriche in Bezug auf meine Idealvorstellung von Beziehungen gemacht, um Tom irgendwie zu halten, und empfinde das heute als einen persönlichen Offenbarungseid.

Warum klammert man sich als unabhängige Frau so derart an einen Mann? Es gibt einen Unterschied zwischen Abstriche machen und sich alles gefallen lassen. Ich bin, ohne es zu merken, beim Ersten gestartet und in das Zweite reingerutscht. Selbst heute könnte ich diesen Zeitpunkt, an dem das passiert ist, rückblickend nicht klar benennen.

Ich habe die Frage nach den Abstrichen nicht nur mit Dr. Bettina, sondern auch mit vielen anderen Frauen diskutiert. Manche von ihnen waren bereit, Staatssekretärs- oder Generalstaatsanwaltsposten zu opfern, um dem eigenen Mann nicht das Gefühl zu geben, größer als der Partner zu sein, und beruflich zurückzustecken, obwohl entsprechende Jobangebote auf dem Tisch lagen. Andere drückten bei entsprechenden Katzengeschichten beide Augen zu.

Ersteres gehört sicherlich zu den großen gemeinsamen Entscheidungen innerhalb einer Beziehung, Zweiteres berührt die Definition der individuellen, emotionalen Schmerzgrenze.

Wenn ich mit Dr. Bettina über Männer spreche, dann wird sie im Bereich der möglichen Abstriche regelmäßig sehr deutlich.

»Viele Frauen streiten sich mit ihren Männern darum, die Eckpfeiler ihrer Beziehung abzustecken. Aber sie setzen sich final nicht durch. Frauen wollen sich oft genug viel zu schnell wieder vertragen und vergeben die Chance, sich durchzusetzen. Männer setzen das Streben nach Harmonie mit der Erkenntnis gleich ›Jetzt hört sie endlich auf zu spinnen‹. Und dann streitet man immer öfter. Jetzt spinnt sie immer öfter. Als Frau denkt man, jetzt hat er es doch begriffen. Hat er nicht. Später merkst du, er hat nichts begriffen. Warum auch? Er hat sich wieder durchgesetzt, und sie ist immer noch da, weil sie keine Konsequenzen zieht. Ich kenne viele Frauen, die sich unterordnen, die Träume aufgeben, weil sie nicht allein sein wollen«, sagt Bettina. »Wir könnten ja andererseits auch unabhängig und stark und selbstbewusst und allein zu Hause sitzen. Aber was fangen wir dann mit dieser Unabhängigkeit an? Was ist diese Unabhängigkeit wert, die damit einhergeht, dass ich am Ende des Tages allein auf meinem Sofa sitze?! Ich habe kein Problem damit, eine ganze Woche allein zu sein, wenn ich weiß, da ist jemand, der auf mich wartet. Wenn da aber keiner mehr ist, wird aus der Dimension ›Allein sein‹ sehr schnell eine andere, und die heißt dann ›Einsamkeit‹. Willst du das aushalten? Kannst du das aushalten? Das ist sicherlich auch eine Charakterfrage und hat nicht vorrangig etwas mit dem eigenen Bildungsgrad zu tun. Hier muss man ganz klar zwischen emotionalem und Alltags-IQ unterscheiden. Nur weil ein Doktortitel am Briefkasten klebt, bedeutet das nicht zeitgleich, dass man auch emotional alles überblickt. Das sind eben zwei Ebenen von Intelligenz. Ein Uni-Abschluss schützt nicht vor Liebeskummer. Liebeskummer ist leider für alle da.« Bettina macht eine kurze Gedankenpause.

»Was machen wir also mit der Erkenntnis, dass wir als Frauen mittlerweile sehr wohl unabhängig sein können, aber nicht einsam sein wollen? Deine Generation geht damit schon sehr viel souveräner um, Ida. Ihr lebt eure Ideen und macht euch nicht abhängig«, fasst Dr. B. ihre Gedanken für mich zusammen. »Das wird in deiner Generation sicherlich nicht mehr das große Thema sein.«

Ich bin mir da nicht so sicher.

Bettina kann verbal auf den Punkt bringen, was ich in meinen Gedanken nicht greifen kann. Ich empfinde so etwas als besondere Gabe und erzähle ihr von meinen Erwartungen an eine gute Beziehung. Dazu gehört nicht zwangsläufig das gemeinsame Tatortgucken am Sonntag. Das wäre ein *Nice-to-have*, mit dem man mir eine große Freude machen kann, aber kein *Must-have*. Der Bildungsabschluss spielt da schon eine eher relevante Rolle, ist mir aber nicht so wichtig wie die drei Punkte, bei denen ich keine Abstriche machen möchte:

Keine Kinder.
Keine Ex-Ehefrau.
Keine Altlasten.

Ich habe diese Idealvorstellung lange wie eine moralische Monstranz vor mich hergetragen. Aus guten Gründen, wie ich fand. Ich wollte mit niemandem in einer Beziehung sein, der aus meiner Sicht schon »benutzt« und damit in meinen Augen nicht mehr unbeschwert war.

»Aber sind wir nicht alle irgendwie benutzt?«, fragt mich Bettina, und ich komme mir dumm vor, denn sie hat recht. Ich denke an die Zeit mit Tom und dass die Erfahrungen aus dieser Beziehung sich bis heute auf die nachfolgenden Männerbekanntschaften auswirken. Die Erlebnisse haben mich vorsichtig und durchaus auch misstrauisch werden lassen. Ich bin also auch irgendwie benutzt. Nur sieht man es nicht, weil ich kein Kind aus der Zeit habe und auch kein abgelegter Ehering im Badezimmer verstaubt.

7. Alter, bring Blumen mit

Wenn es gegen halb zwei am Nachmittag an meiner Haustür klingelt, weiß ich, der Paketmann ist da.

»Halloooooooo-ho-ho-ooo«, flöte ich dann in den Hörer der Sprechanlage und setze noch ein gut gelauntes »vierter Stohock« hinterher, in der Hoffnung, dass er das Paket ganz bis nach oben trägt und nicht noch auf halbem Wege ruft: »Kommen Sie mir zwei Etagen entgegen, dann treffen wir uns auf der Hälfte?!«

Für gewöhnlich ist es der nette DHL-Mensch, der mir den Tag so schön strukturiert.

An einem Montag, wenige Monate nachdem mir meine letzte fristlose Beziehungskündigung zugegangen war, sprintete ein junger Mann die Treppe im Hausflur hoch. Kein DHL-Schwarz-Gelb, sondern ein Kurierfahrer. Mit einem langen Paket in den Händen. Auf halber Treppe erkannte ich schon die gedruckten Blumen auf dem Paket, kleine Sträußchen neben grünen Streifen.

Ich hatte doch gar nichts bestellt. War das ein Blumenpaket? Blumen … für mich? Von wem? Oh Gott, oh mein Gott. Oh. Mein. Gott. Ein heimlicher Verehrer. Ich war irgendwem aufgefallen! Aber wem nur? Oder waren die Blumen von Lars? Es tat ihm leid, er wollte mich zurück, der Heiratsantrag lag bestimmt als Karte bei den Blumen. Sollte ich Ja oder Nein sagen?

Wie sollte ich das meinen Freundinnen eröffnen? Brautkleid weiß oder *blush?* Und wer würde den Pfarrer anrufen? Ding Dong, Hochzeitsglocken.

Ich hatte Herzchen in den Augen. Der Kurierfahrer nicht.

»Hier bitte quittieren«, dann drückte er mir mein zukünftiges, noch anonymes Liebesglück in die Hand und nahm jeden Treppenabsatz zurück hinunter zum Lieferwagen mit zwei Sprüngen. Offensichtlich hatte er keine Zeit, um mein Glück mit mir zu teilen. Aber das war okay, denn ich hatte auch keine Zeit zu verlieren. Irgendwer wollte schließlich, dass ich Blumen von ihm bekomme. Und ganz eventuell musste eine Hochzeit organisiert werden. Und ich wollte denjenigen mit meiner Rückmeldung nicht länger warten lassen.

Ding Dong, Ding Dong. Weiß oder *blush?!*

Erwartungsfroh riss ich den Karton auf und wühlte mich schneefräsenartig durch die stützenden Papierlagen. Hier musste er doch irgendwo sein, der Strauß aus roten Rosen. Ich wühlte im Paket … und zum Vorschein kam eine weiße Orchidee. Aha, ziemlich originell. Das würde ich mal als moderne Antragsvariante durchgehen lassen. War mir persönlich zwar ein bisschen zu *contemporary,* aber wer wollte schon meckern, wenn er sich Gedanken gemacht hatte. Die Karte, die dem Paket beilag, fand ich im selben Augenblick.

Liebe Ida, es tut mir alles so wahnsinnig leid! Du bist die Einzige für mich, das habe ich jetzt erkannt. Willst … du … mich …

Mir fiel auf, dass die Worte in meinem Kopf nicht zu den Worten auf der Karte passten. Rein rational betrachtet stand dort nämlich:

Liebes Hasileinchen, wir sind so richtig stolz auf dich. Der Vortrag von letzter Woche im Museum war klasse. Alles Liebe, Mama und Papa

Mir ging wirklich das Herz auf. Nur irgendwie anders als erwartet. War ich enttäuscht? Ehrlicherweise vielleicht ein bisschen. Niemand musste den Pfarrer anrufen. Aber war ich dankbar dafür, so tolle Eltern zu haben, die einfach so und unangekündigt Blumen schicken? Auf jeden Fall!

Ich setzte die gedankliche Nadel an meine Hochzeitstraumblase an, stach zu und rief meine Mutter an, um mich für die Blume zu bedanken. Zuvor hatte ich ein einziges Mal Blumen per Kurier von einem heimlichen Verehrer bekommen. Damals war ich Studentin und habe aushilfsweise an der Rezeption eines Pharmaunternehmens gearbeitet. Das war vor fünfzehn Jahren. Die Karte von Roland habe ich immer noch. Oder besser gesagt, seinen sehr, sehr langen Brief, der mit Tesafilm an den Blumen befestigt war. Bis zu dem Tag, an dem der Blumenkurier mir ein überdimensioniert großes Paket mit der Aufschrift »Sag's mit Blumen ♡« auf den Rezeptionstresen stellte, wusste ich gar nicht, wer Roland war. Roland wusste aber sehr wohl, wer ich war. Immer wenn er in der Mittagspause von einem in den anderen Gebäudeteil wechselte und ich an der Rezeption saß, waren diese Tage für ihn schöner als die Tage, an denen ich nicht dasaß. Hat er geschrieben. Wie sich dann herausstellte, war Roland schon achtundvierzig Jahre alt, ich hingegen war gerade mit dem Abitur fertig. Aus uns wurde nichts.

Aber warum erzähle ich das überhaupt? Weil die Wahrscheinlichkeit, einen Blumenstrauß von einem heimlichen Verehrer per Kurier überreicht zu bekommen, real existiert. Ich machte mir also zurecht Hoffnungen auf den Ehestand, als die

Orchidee meiner Eltern im eingepackten Zustand noch aussah wie ein Strauß langstieliger roter Rosen.

In solchen Momenten liebe ich Paketzusteller und Postboten, sie verteilen so viel Freude. Aufgeregte Gedanken, glückliche Gesichter, Konsumbefriedigung. Alles in Personalunion. Wie kann ein Mensch nur so viel Positives zum Leben eines anderen Menschen beitragen?! An den Tagen, an denen mein Briefkasten leer bleibt und niemand an meiner Haustür schellt, sage ich mir immer, ist zwar leider keine Postkarte heute für mich dabei, aber immerhin auch keine Rechnung. Mit der Einstellung lebe ich in einer friedlichen Koexistenz mit allen Postmenschen. Bis zur letzten Woche.

Ich kam gerade vom Mittagessen aus der Stadt und bog mit dem Fahrrad in meine Straße ein. Da sah ich schon, wie das Paketauto vor meiner Einfahrt parkte und der Paketmann gerade im Hof verschwand. Wunderbar!! Vielleicht war ja ein Paket für mich dabei! Vorfreude! Ganz beschwingt bog ich um die Ecke in den Hof und sah den Paketmenschen nicht bei den Klingeln, sondern in den Büschen rumnesteln.

Was macht der denn da? Hat einer meiner Nachbarn die halb durchsichtigen Büsche als »sicheren Ablageort« notiert, fragte ich mich noch. Und dann schlägt es ja wohl dreizehn! Nix mit Paketen. Ich wollte den Gedanken nicht einmal laut äußern aber: Der pinkelt da hin. Der pinkelt in meinen Vorgarten!! Der Paketmann. Am helllichten Tag. Die halb durchsichtigen Büsche. Ich auf dem Fahrrad frontal zu ihm stehend.

Ob er noch alle beisammen habe, rief ich empört.

Wo er denn sonst pinkeln gehen solle, fragte er zurück.

»Mir egal, aber mit Sicherheit nicht in unseren Vorgarten. Wir sind hier in der Stadt, das nächste Klo ist maximal fünf Minuten entfernt«, entfuhr es mir.

Der Paketmann packte seine Ausstattung ein und machte sich auf den Weg zum Lieferauto. Die letzten tausend Jahre gesellschaftliche Entwicklung in puncto Benehmen schienen spurlos an ihm vorübergegangen zu sein.

»Wir haben so einen engen Zeitplan mit den Paketen, was soll ich denn machen?!«, rief er noch über seine Schulter.

»Bin ich Jesus? Hab ich Latschen an? Mir egal, wo du pinkeln gehst, aber definitiv nicht in meinen Rabatten!« Ich stand immer noch im Hof und starrte fassungslos auf die Botanik. Mein Befinden suchte in diesem Moment seinesgleichen.

Blumen und Paketboten: das kann die große Liebe sein. Muss es aber nicht.

Ich parkte mein Fahrrad an der Hauswand, warf noch einen schnellen Blick in meinen Briefkasten und stellte fest, dass heute ein Postkartentag ist. Ich fischte eine Ansichtskarte aus dem Kasten, dort stand in dicken, silbern leuchtenden Buchstaben: *Dumm deaf ma scho sei, ma muass se bloß zhäifa wissn. Bessa zwoa Ring unta de Augn ois oa Ring am Finga.* Umgedreht lese ich in feinsäuberlicher Frauenhandschrift:

Servus Herzl, viele Grüße vom süddeutschen Männeräquator. Die 1a-Qualitätsware lässt in München weiterhin auf sich warten … Das horizontale Gewerbe ist aber keinesfalls zum Erliegen gekommen. Hahaha. Du verstehst. Ruf mich an! M.

M. aus M., Maxi aus München! Ihre Eltern haben einen mittelständischen Familienbetrieb im Münchner Umland aufgebaut, und Maxi hat dort gelernt, bevor sie in die Landeshauptstadt zog, um Karriere zu machen und einen Mann kennenzulernen. Das mit der Karriere hat gut funktioniert, sie leitet heute den Einkauf eines großen skandinavischen Holzzulieferers. Auch eine ganze Reihe von strammen Wadln hat sie in den letzten Jahren kennengelernt.

Es gilt als ungeschriebenes Gesetz, dass du in München nie lange allein bleibst. Der nächste Biergarten ist nur einen Katzensprung entfernt, und die Chance auf Geselligkeit kommt quasi im Minutentakt vorbei. Meine norddeutsche Mentalität sagt in solchen Fällen: Erst mal gucken. Und abwarten. Und gucken. Moin. Und abwarten. Nee, der Platz hier ist schon besetzt. Ja, aber nein. War schön, dich kennengelernt zu haben. Tschüss. Bei Maxi läuft das anders: »Joa servus, klar is hia noch frei. Mia rückn z'sammen. Holt's noch fünf Stühle, so oa Bistrotisch ist ja ein wahres Platzwunder. Na, koa Problem, setz di.« Zack ist sie im Gespräch. In etwa so hat Maxi Moritz kennengelernt. Das war im letzten Jahr auf einem Sportevent. Ein bisschen Golfen, ein paar Abschläge, das gemeinsame Weißbier nach dem neunten Loch, und dann wurden die Telefonnummer getauscht. »Du kannst mich googeln. Ich bin ziemlich präsent im Internet!«, ließ er sie betont lässig unbedingt noch wissen, bevor er sich verabschiedete. Maxi rief mich umgehend an.

»Ida, ich habe wen kennengelernt. Das Internet sagt, er macht in Fußball. FC Bayern oder TSV 1860 oder FC Wacker München oder was weiß ich. Auf jeden Fall kennt er den Uli Hoeneß.«

»Kennt der auch wen bei Amazon, der ungerechtfertigt schlechte Buchbewertungen löschen kann? Hier scheint jemand meinen Ratgeber nicht verstanden zu haben«, fragte ich schnell zurück.

»Ach, Herzl, egal, ob du ein Ratgeberbuch schreibst oder die weltbesten Kondome produzierst, es gibt immer irgendeinen Nutzer, der das Anwenderprinzip nicht verstanden hat. Sei nicht traurig. Ich rufe dich in den nächsten Tagen an. Morgen Abend treffe ich mich mit Moritz. Wünsch mir Glück!«

»Glück, Glück, Glück!«, rief ich noch in den Hörer, bevor ich anfing, Moritz selbst zu googeln, um eine optimale Informationsgrundlage für das kommende Telefonat zu schaffen. Informieren ist schließlich erste Bürgerpflicht. Und ich war angespitzt, im Sinne von interessiert an der Geschichte.

Noch vor einem Jahr hätte ich mir nicht vorstellen können, dass Maxi so schnell wieder auf die Beine kommt. Damals war sie mit Clemens liiert ... was auch immer – frei nach Prince Charles – »liiert« bedeutet. Dass der Begriff ein dehnbarer ist, erfuhr sie nach mehreren Monaten Beziehung. Clemens war Anfang vierzig und arbeitete als selbstständiger Medienberater in München. Sein außergewöhnlich angenehmes Erscheinungsbild machte ihn nach außen hin beliebt bei den Frauen und nach innen selbstsicher genug, um es mit mehr als einer Frau gleichzeitig aufzunehmen.

Sie haben sich über einen gemeinsamen Freund kennengelernt, und die Verbindung zwischen den beiden wurde schnell sehr intensiv. Er überhäufte sie mit Komplimenten und Küssen, sie konnte ihr Glück kaum fassen. In den ersten sechs Monaten wohnte er im Prinzip durchgehend bei ihr, und sie wurde seinen Freunden als neue Lebensgefährtin vorgestellt, was sie ein wenig überrumpelte. Er sprach davon, dass er ein erwachsener Mann sei und keine Spielchen wollte. Das Gleiche erwartete er auch von ihr. Als Zeichen seiner Zuneigung schenkte er ihr ein Edelweiß. Und das will in Bayern schon etwas heißen. Das Edelweiß steht für Mut, Tapferkeit und Liebe. Mehr geht nicht. Es wächst, ich habe mich belesen, in unwegsamen, schwer zugänglichen, gefährlichen Berggegenden. In Felsspalten und an Hängen. Der Galan, der seiner Holden ein Edelweiß pflücken wollte, musste der Legende nach in entsprechender körperlicher Verfassung, kräftig und mutig sein. Kurzum, nicht jeder Depp konnte so eine Blume pflücken. Das Edelweiß ist daher selten und ein Zeichen echter Liebe. Wem das alles zu symbol-trächtig und zu kitschig ist, dem sei gesagt, dass »oan Oadel-woaß« auf jeden Fall ein realeres Zeichen der Liebe ist als rote Rosen, die in einen ungeöffneten Fleurop-Karton hineinproji-ziert werden.

Nach sechs Monaten Edelweiß-Glück veränderte sich die Beziehung zwischen Maxi und Clemens. Er hatte plötzlich viel zu tun, wirkte gestresst, und Maxi wurde das Gefühl nicht los, dass irgendwas nicht stimmte, ließ sich aber immer wieder von Clemens vertrösten, es sei alles in Ordnung, wenn sie nur kei-nen Stress machen würde. Ein paar Wochen später flog Maxi mit einer Freundin übers Wochenende nach Madrid, und als sie wiederkam, piepte ihr Handy beim Einschalten am Flug-hafen in München. Einmal. Zweimal. Dreimal. Fünfmal. Die Nachrichten auf ihrem Telefon waren alle von Clemens.

> Ich mag dich, aber ich bin mir nicht sicher.

> Was ist, wenn wir in zehn oder fünfzehn Jahren nicht mehr glücklich zusammen sind?

> Ich will das hier nicht mehr.

Er lieferte die wildesten Argumente. Maxi verstand die Welt nicht mehr und rief ihn an. Clemens ging nicht ans Telefon. Auch nicht in den kommenden Tagen und Wochen.

Vier Monate später klingelte er plötzlich an ihrer Tür. Ihm ginge es nicht gut, er könne ohne sie nicht glücklich sein, leid tue es ihm wohl auch. Maxi ließ ihn rein. Ob er sich mit anderen Frauen treffe? Ob eine andere Frau der Trennungsgrund war, fragte sie ihn direkt. Doppelverneinung.

»Du hast früher immer so glücklich gewirkt. Wann hat's den Schalter umgelegt?«, wollte sie von ihm wissen. Beide schliefen in dieser Nacht miteinander, und er versprach, jetzt wisse er, wo er stehe, nämlich an ihrer Seite. Clemens blieb bis nach dem Frühstück, und es war ein bisschen so wie früher, als er ihr das Edelweiß schenkte. Ob Maxi das Gefühl kennen würde, mit einer Flasche Wein am Meer zu sitzen und alles um sich herum vergessen zu können, wollte er von ihr zum Abschied wissen.

»Ja, das kenne ich«, hat Maxi geantwortet.

»Da hast du mir etwas voraus, ich kenne das nicht«, erwiderte er. »Ich muss jetzt noch schnell einen Anzug vom Schneider abholen, aber ich rufe dich ganz bald an.« Weg war er wieder. Am Abend piepte Maxis Telefon. Nachricht von Clemens:

> Wir dürfen keinen Kontakt mehr haben. Morgen heirate ich eine andere Frau. Wir bekommen ein Kind.

Fragezeichen. Gedankliches Grillenzirpen. Der Anzug. Klick. Maxi war wie vor den Kopf geschlagen und rief ihn an. Am anderen Ende erkannte sie seine Stimme. Er lallte und brachte kaum einen geraden Ton heraus. Sie legte auf. Tags darauf nahm sie das Telefon noch einmal in die Hand, wählte seine Nummer, und am anderen Ende meldete sich eine Frauenstimme: »Wir haben alles geklärt, bitte rufen Sie nie wieder an. Blockieren Sie ihn, und stören Sie uns bitte nicht weiter. Heute ist unser Hochzeitstag.« Funkstille. Ein halbes Jahr später meldete sich eben diese Ehefrau bei Maxi. Ob sie miteinander reden könnten. Über Clemens. Er sei weg. Einfach so. True Story.

Unbewusstes erkennt Unbewusstes irrtumslos

Wie konnte das passieren? Wie kann man all das nicht bemerken? Es musste doch irgendwelche Warnsignale gegeben haben? Diese Fragen hat sich Maxi im Nachhinein mehr als einmal gefallen lassen müssen.

»Die Fragen habe ich mir auch gestellt, schlussendlich beim Therapeuten sitzend, weil ich es gedanklich nicht auf die Reihe und zusammengebracht habe«, hat sie mir einige Monate später erzählt, als ich nach München zog und schwarze Audis und kleine Smarts um die wenigen Parkplätze unter meinem Schlafzimmerfenster konkurrierten. Gedanklich gesehen war es eine Paartherapie, denn Clemens saß bei den Sitzungen gefühlt immer neben ihr auf der Couch, von den endlosen Streitgesprächen, die Maxi während dieser Zeit im Kopf mit Clemens geführt hat, ganz zu schweigen.

»Ich war mit Clemens wieder beim Psychologen«, hat sie in dieser Zeit gerne gesagt. »Ich habe mich oft gefragt, ob ich zu dumm oder zu naiv war. Wie kann es sein, dass ich rein gar nichts bemerkt habe? Er hat gelogen, ohne mit der Wimper zu zucken. Schon bei unserem Kennenlernen. Er hat sich ein Saubermann-Image gegeben und eine moralische Integrität gepredigt, die für ihn selbst nicht galt. Ich hätte ihm all das charakterlich nicht zugetraut. Oder vielleicht habe ich viele kleine Ungereimtheiten aber auch einfach ignoriert und die Beziehung idealisiert? Da hat sicherlich eine Art Schönfärberei und Idealisierung stattgefunden. Aber das hat auch schon vor Clemens angefangen. Von der Gesellschaft wird mir oft gespiegelt, ›Joa mei, Maxi, du bist so a fesche Frau, wie kann es sein, dass du Single bist!?‹ Oder: ›Du hast keinen Freund, bist du lesbisch? Willst du denn keine Kinder haben? Das kann niemand verstehen, dass du noch Single bist!‹ Ich wurde das so oft gefragt, dass ich irgendwann angefangen habe, zu glauben, dass mit mir etwas falsch sei. Jeder Vollidiot hat einen Partner. Nur ich hatte lange Zeit vor Clemens niemanden. Wahrscheinlich war ich aus diesem Grunde empfänglich für seine stürmischen Liebesbekundungen, die – im Nachhinein betrachtet – viel zu früh kamen. Unbewusstes erkennt Unbewusstes irrtumslos. Das ist ein psychoanalytischer Lehrsatz. Es geht dabei darum, dass wir Menschen interessant finden, die unseren wichtigsten seelischen Bedürfnissen entsprechen. Es war kein Zufall, dass ich auf Clemens hereingefallen bin. Ich habe unterbewusst wohl nach jemandem gesucht, der mich mit einer Beziehung aufwertet. Und um diese Beziehung zu halten, wollte ich ihm unbedingt gefallen, und das zieht sich, wenn ich genauer darüber nachdenke, wie ein roter Faden durch mein Leben. Ich habe mich sehr verbogen und oft meinen Mund gehalten. Den Mund zu halten ist im Prinzip die Quintessenz von Gefallenwollen, meinst du nicht? *We repeat what we don't repair.* Ich weiß zwar nicht, wer das ursprünglich gesagt hat, aber das klingt einleuchtend. Ich muss das ein für alle Mal mit mir selbst klären, sonst ist die Wahrscheinlichkeit groß, dass Clemens das nächste Mal Georg, Hans-Jürgen oder Stefan heißt.«

Maxi hat in der Zeit nach Clemens viel geraucht, geheult und gearbeitet. Ich würde jetzt gerne schreiben, dass sie anstelle dessen mit Yoga und Nachhaltigkeitsseminaren angefangen hat. Hat sie aber nicht. Und dennoch hat sie in ihrem Leben aufgeräumt. Auch dank Freunden und Familie.

»Heute bin ich einen Schritt weiter«, sagt sie. »Heute geht es nicht mehr darum, ob ich ihm gefalle. Ich habe mein Denken umgedreht. Wichtiger ist doch die Frage, ob mir mein Gegenüber gefällt. Du denkst, du bist der geilste Macker hier? Biste nicht!«

Um noch die Kurve in diesem Kapitel zu schaffen: Ein Jahr nachdem bei Clemens die Hochzeitsglocken verklungen waren, hat Maxi Moritz kennengelernt, und er lud sie auf ein Date ein. So weit, so gut. Maxi rief zwei Sonntage später an. »Sitzt du?«, fragte sie ins Telefon. Ich saß. Was dann kam, war *Die Geschichte von Maxis Maxiking*. Jedenfalls nenne ich sie so. Fußball-Moritz lud Maxi an besagtem Abend zu sich nach Hause ein, in die Zweizimmerwohnung eines Münchner Vororts. Ein Heimspiel für ihn. Sozusagen. Während des digitalen Vorgeplänkels per SMS und Instagram in den Tagen zuvor ließ Moritz mehrfach keinen Zweifel daran, dass Maxi (O-Ton) eine »Traumfrau« wäre. Cristiano Ronaldo mit zwei Brüsten quasi. Auf Maxis Rückfrage, wie er zu dieser Spielerbewertung und sie zu den Vorschusslorbeeren käme, antwortete er: »Ich hab da ein gutes Gefühl. So was merke ich immer schnell. Ich sehe, ob jemand performen kann.« Aha. Na dann.

Als Maxi die Wohnung betrat, lief ein Bundesligaspiel in der Liveübertragung im Wohnzimmer. Moritz war ein aufmerksamer Gastgeber: Erst nahm er ihr die Jacke ab, und dann gab er ihr zu verstehen, dass er in den kommenden Stunden der Spielführer sein würde. »Mach's dir schon mal auf dem Sofa bequem, ich habe da etwas für uns vorbreitet.« Seine erfolgversprechende Taktik für den Abend bestand aus einer Aufstellung seiner bewährtesten Spieler: Wein, Martini, Grappa und selbst gemachte Pfälzer Wurst von Oma. Im Fernsehen liefen nach den ersten neunzig Minuten die zweiten neunzig Minuten. Selber Sender, selber Fernseher, anderes Fußballspiel.

Maxi zeigte sich interessiert an seinem Können, die Spiele live zu kommentieren. Ganz ehrlich, ich hätte mir auch alles von vorne bis hinten erklären lassen. Das ist unschätzbares Fachwissen, das man auf der nächsten WM-Grillparty beim Wurstumdrehen anbringen kann. Als allerdings nach den zweiten neunzig Minuten die Zusammenfassung des kompletten Spieltages angekündigt wurde, versuchte Maxi subtil das Thema zu wechseln. Was ihn außer Fußball interessieren würde, wollte sie wissen. »Na zuerst kommt der FC Bayern, das ist mal klar. Dann kommt lange nichts, und dann finde ich Technik ganz spannend«, sagte er und sprang vom Sofa auf. »Komm mit, ich habe einen selbst gebauten Automaten im Schlafzimmer. Der wird dir gefallen.«

Erleichtert über den Themenwechsel, so hat es Maxi mir später erzählt, ist sie ihm ins Schlafzimmer gefolgt. Dass der selbst gebaute Automat bei näherem Hinsehen ein Kondomautomat aus Pappe mit individuellem Entnahmefach je nach Spielart war, auf den Moritz sichtlich stolz zu sein schien, wollen wir an dieser Stelle nicht überbewerten. Man muss auch gönnen können. Und wenn jemand ein ausgeklügeltes Kondomspenderinstrument mitten auf der Schlafzimmerkommode präsentiert, dann hat dieses Ding einen Wert für seinen Besitzer. Infragestellungen bitte nur nach ausreichend geprüfter Charakterfestigkeit, sonst läuft man als Frau Gefahr, an dieser Stelle eine ungewollte Blutgrätsche zu begehen. Spätestens jetzt war allerdings klar, worauf die Veranstaltung hinauslief. Maxi nahm die Sache sportlich, inspizierte den Automaten und parierte: »Das Fach mit den XXL-Kondomen sieht aber noch sehr jungfräulich aus.«

Zurück im Wohnzimmer kam Moritz nun ein wenig ins

Schwitzen und setzte erneut an, sein Ego-Bingo zu perfektionieren, indem er Maxi ein YouTube-Video schmackhaft machte. Zu sehen war die 387. Folge der Fußball-Talk-Show *Doppelpass*, einer nicht ganz unbedeutenden TV-Expertenrunde, die sich jeden Sonntag trifft und je nach aktuellem Spielplan unterschiedlich besetzt ist.

»Ich wurde auch schon in die TV-Show eingeladen. Hier guck, da vorne links sitze ich.« Und tatsächlich, da saß Moritz als geladener Experte inmitten der Granden des deutschen Fußballs. Und kam nicht zu Wort. Beziehungsweise nur ganz selten. Also eigentlich nur drei Mal innerhalb von zwei Stunden. Maxi kam aber gar nicht erst in die Verlegenheit, seine Redebeiträge zu verpassen, denn Moritz spulte das Video an die entsprechenden Stellen vor und bei Bedarf auch wiederholt kurz zurück, damit seine Sätze eine entsprechende Schwere und Bedeutung bei Maxi hinterlassen konnten. Toll, Moritz. Wirklich beindruckend, Moritz. Dass du dich das getraut hast, da zwischen den ganzen Promis, Moritz. Kurzum, Maxi polierte ihm so richtig das Ego.

Damit war Moritz gut aufgestellt. Er kündigte das Finale an, indem er zur 1:1-Manndeckung überging. Das funktionierte auch gut, bis ihm das Spiel nach zwanzig Minuten entglitt. Abgesehen davon, dass Moritz wenig Ballgefühl bewies, wurde ihm eine technische Betriebsstörung resultierend aus Grappa, Wein und Martini zum Verhängnis. Der Ball fand nicht ins Tor. Irgendwie war die Luft raus. Aus dem Spielgerät. Maxi versuchte es mit aufmunternden und verständnisvollen Worten. Nach weiteren fünfzehn Minuten erfolgte der Spielabbruch. Aber nicht er, sondern Maxi pfiff das Spiel ab. »Ich nehme mir jetzt ein Taxi, wir können morgen ja noch mal sprechen. Ich rufe dich an, alles kein Problem. War schön bei dir«, sagte sie. Ohne es zu ahnen, geschweige denn es zu wollen, verursachte

Maxi mit ihrem Adieu etwas, das in den meisten Fällen zur Roten Karte führt: Die ungewollte Blutgrätsche für Moritz' Ego sollte nicht folgenlos bleiben.

Am nächsten Tag titelte eine Printzeitung im Sportteil: »FCB fand nicht ins Spiel. Taktik ging nicht auf.« Maxi rief Moritz noch am selben Tag an, um ein neues Date zu vereinbaren, welches er erst zu- und drei Tage später mit einer fadenscheinigen Begründung wieder absagte. Auch machte er keine Anstalten, die Wiederholung des Spiels zu beantragen. Funkstille für die Traumfrau.

»Gut, dann eben nicht«, schloss Maxi den Bericht am Telefon ab. »Ich finde es bescheuert, wenn Männer so tun, als breche eine Welt zusammen, nur weil zu viel Wein die Hardware hat weich werden lassen. So ein Blödsinn. Dann trifft man sich eben ein andermal und lässt es ruhiger angehen.«

»Und du hast seitdem nichts mehr von ihm gehört?«, wollte ich von ihr wissen. Nein, hatte sie nicht.

Dann, ein paar Wochen später stand ich am Briefkasten und las Maxis Postkarte: *Das horizontale Gewerbe sei aber keinesfalls zum Erliegen gekommen.* Sehr kryptisch, aber genau meine Humorkragenweite. Wortwitze sind mein Kryptonit. Ein gut gemachter Sinnverdreher mit Um-die-Ecke-Denken, und ich schmelze dahin.

»Hat sich mit Moritz im Nachhinein doch etwas ergeben? Oder wer liegt wo?«, tippte ich eine SMS in mein Telefon. Als Antwort sendete sie das Foto eines orangefarben gekachelten Badezimmers. Vermutlich ein älteres Bad aus den 1970er-Jahren. Vielleicht aus der Pfalz. Zu sehen waren zwei behaarte, nasse Männerbeine, die mit Schaum und viel Wasser offensichtlich gerade ein Bad nahmen. Ein bisschen sahen sie aus wie die Hotdog-Beine-Urlaubsfotos, die Promis gerne vom Strand posten, nur irgendwie waren die Beine auf diesem Foto weiter geöffnet. Ob sich unter dem Schaum im oberen Oberschenkelbereich das männliche Dreigestirn abzeichnete, blieb, auch bei maximalem Zoommodus, Auslegungssache. Möglich war es. Unter dem Foto schrieb Maxi, sie hätte es drei Tagen zuvor von Moritz bekommen. Einfach so und ohne Vorwarnung. »Hallo, Traumfrau« hätte darunter gestanden. Ansonsten kein Text dazu.

»Erst kann er nicht, dann will er nicht, und dann schickt er mir ein Foto von seinen nackten, haarigen Beinen in der Badewanne. Versteh einer die Männer«, winkte Maxi ab.

Wir waren uns im Nachhinein einig, dass sich Moritz mit der Geschichte auf jeden Fall nicht nur bei uns einen vergänglichen Namen gemacht haben wird. Was er sich letztendlich bei dem Foto gedacht hat, wissen wir nicht. Maxi hat auch nicht noch mal gefragt.

Schaum drüber. Egal, ob es sich um Softwareprobleme wie bei Clemens oder ein anfängliches Hardwareproblem, das sich anschließend in ein Softwareproblem verwandelt hat, wie bei Moritz dreht, wir brauchen nicht selten Geduld auf der Suche nach dem Mann mit den roten Rosen. Oft genug ist es ein Prozess.

»Ich weiß jetzt, wie wir beim nächsten Mann besser vorgehen«, schrieb Maxi mir später. »Zielgruppenmanagement ist das Schlagwort der Zukunft! Es kann eben nicht jeder Mann eine Premiumportion italienische Spaghetti aus dem Hofbräuhaus sein.«

»Es gibt doch aber gar keine Spaghetti im Hofbräuhaus?!«, antwortete ich.

»Na siehste«, tippte sie. »Das meine ich doch! Wir dürfen die guten Nudeln nicht da suchen, wo eh keine sind. Schlaf gut!«

8. Wir brauchen Korn!

Es gibt zwei Dinge auf dieser Welt, die meinen Lebensweg nur ganz selten kreuzen: Das eine sind Wetten und das andere Schnapstrinken. Und trotzdem hat der liebe Gott oder das Schicksal oder wer auch immer die Fäden zieht es geschafft, beides für einen Abend lang in meinem Leben miteinander zu verknoten, sodass eine Story daraus wird. Eine Story, die zeigt, dass der Ehrgeiz einer Frau in Sachen Schnaps und Wetten nie zu unterschätzen ist, wenn es darauf ankommt. Angezettelt wurde die Wette von einem Mann, geendet ist sie in einem Totalschaden. Und das lag nicht am Schnaps. Interessant an der folgenden Geschichte ist nicht nur die Tatsache, dass man, angetrieben vom unbedingten Willen zum Gewinn, nach einer halben Flasche Korn noch klar denken kann. Nein! Viel aufschlussreicher ist der Umgang mit Niederlagen.

Zur Ausgangslage: Ich habe einen Jagdschein, das ist bei uns in der Familie so Usus. Meine Schwester hat einen, meine Mutter, mein Vater, Onkels, Großväter. So was hat man eben bei uns. Tradition ist ja auch was Feines. Zweimal im Jahr verhält es sich derart, dass ich bei Freunden zur Jagd eingeladen werde, und weil Korn in diesem Teil der Bundesrepublik zum guten Ton gehört, kommt er abends nach der Jagd auch auf den Tisch. Das ließ ich Lars Dengler wissen, als wir uns kennenlernten. Erzählen wollte ich eigentlich nur, dass ich zweimal im Jahr Schnaps vertrage. An allen anderen 363 Tagen nicht.

Was für mich schon das Ende dieser lahmen Story war, entpuppte sich als Beginn einer Verkettung von unglücklichen Umständen, die sich nicht aufhalten lassen, weil man mittendrin sitzt und den Schlamassel erst am Ende erkennt.

Du unterschätzt meinen Ehrgeiz, lieber Freund

Einige Wochen zuvor. Ich saß mit Lars bei Anna und ihrem Freund auf der Couch. Wir blieben übers Wochenende und vertrieben uns die Zeit mit allerhand Ausflügen im Wald und guten Gesprächen. Soweit ich mich erinnere, war es Herbst. Nicht mehr ganz warm, aber auch noch nicht ganz kalt war es draußen. Abends schwelgten wir in alten Erinnerungen.

»Ida hat mir erzählt, dass sie Unmengen von Schnaps verträgt, wenn ihr jagen geht«, stieg Lars ins Thema ein. (Anmerkung der Redaktion: Anna jagt auch. Und ab und an finden wir uns dabei auf denselben Veranstaltungen wieder. Und so viel Schnaps trinke ich gar nicht!)

»Joah, sie kann schon ordentlich was ab«, schnappte Anna den Faden auf. »Aber nur beim Korntrinken und auch nur zweimal im Jahr.«

Mir war das Thema peinlich, denn wer steht schon gern als trainierter Schnapstrinker da. Ich schaute Lars an und sah, wie es hinter seiner Stirn arbeitete.

»Dann lasst uns doch wetten«, sagte er schließlich. Lars wettete gerne. Seit Beginn unserer Beziehung nötigte er mich auf freundliche Art und Weise, mich mit ihm zu messen. Manchmal ging es darum, wer mehr Hauptstädte kannte. Manchmal schätzten wir Entfernungen auf der Autobahn. Der Einsatz ging selten über eine Ehren-Cola hinaus, aber auch wenn es nur um eine Limonade ging, war ich nicht gewillt, zu verlieren. Nein, ich wollte gewinnen! Denn schließlich trat ich nicht gegen einen Fünfjährigen, sondern gegen einen gestandenen Mann an. Und angezettelt hatte ich diese Wetten auch nicht. Im Mischverhältnis kann ich sagen, dass sich gewinnen und verlieren gegen Lars immer solide die Waage gehalten hat. Er war in allen vorherigen Wetten ein ernst zu nehmender Gegner. Ich aber auch.

Ich lag also bequem bei Anna auf der Couch, als Lars anfing, lose Gedanken laut zu denken.

»Wir könnten eine Wette daraus machen. Ich wette, du schaffst es nicht, eine Flasche Korn auszutrinken und am Ende noch alle Sinne beisammenzuhaben.«

»Ich trinke doch keine Flasche Korn aus! Das endet im Krankenhaus. Und außerdem sterben bei so was Gehirnzellen«, winkte ich ab und setzte einen Haken an die Schnapsidee. Anna schien aber ganz angetan von dem Wettvorschlag und fragte, was er als Einsatz bieten würde. Nun ist es so, dass Lars' Eltern am Tegernsee ein nicht ganz kleines Haus mit Blick über den See ihr Eigen nennen.

»Ihr habt doch auch Ferienwohnungen da unten in Bayern«, sagte Anna, »der Wetteinsatz ist eine Woche kostenfreier Urlaub am Tegernsee für mich.«

»Boah, das ist aber ganz schön viel verlangt. Aber gut. Wie lautet das Gegenangebot?«, fragte Lars.

»Ich backe dir eine überdimensional große Torte mit dem Motiv deiner Wahl«, schlug Anna vor.

»Das wird eine Michael-Jordan-Torte!«, sagte Lars ohne Zögern. Ihr müsst wissen, Anna kann richtig gute Torten backen, und für Lars ist MJ der Größte.

»Okay, gebongt!« Beide schlugen ein. »Moment mal, seid ihr noch ganz dicht? Ich soll eine Flasche Korn trinken, damit entweder du eine Woche Urlaub machen kannst oder du eine Basketballtorte bekommst?!« Anklagend zeigte ich abwechselnd auf beide. »Und wer besucht mich bei schwerer Alkoholvergiftung im Krankenhaus?! Nix da.«

»Du darfst zum Urlaubmachen mitkommen oder bekommst was von der Torte ab. Das ist eine klassische Win-win-Situation für dich!«, versuchte mir Lars die Wette im wahrsten Sinne des Wortes schmackhaft zu machen.

»Wenn ich danach keine ordentliche Gehirnwindung mehr habe, ist da nicht viel mit Win-win«, sagte ich und merkte gleichzeitig, wie sich mein Ehrgeiz meldete. Eine neue Wette gegen Lars. Eine, die auf mehr hinauslief als auf die nächste Cola. »Gut, mal theoretisch gedacht, wie soll die Wette ablaufen?«, fragte ich.

In den nächsten Wochen gingen mehrere E-Mails zwischen Anna, Lars und mir hin und her, Telefonate wurden geführt, Details geklärt, und die Wette schwoll zu einer abendfüllenden Veranstaltung an.

Zur Wette. Lars war derart angestachelt von der Idee, mit mir um die Wette zu trinken, dass ihn nicht mal der Gründer der Anonymen Alkoholiker davon hätte abbringen können. Wir einigten uns auf die folgenden Eckpunkte: Kern der Wette war die Frage, wer mehr Korn vertrug. Lars oder ich. Der Deal war, eine Flasche des Edelgetränks in die Mitte auf den Tisch zu stellen. Alle zehn Minuten gab es die Aufforderung, einen Kurzen zu trinken (Einfach! Keine Doppelten!), bis die Flasche leer war. Die Frau muss doch zu schlagen sein! Zumal er mit 1,97 Metern Körpergröße und hundert Kilogramm auf der Waage definitiv körperlich im Vorteil war. Ein echter Kerl also. Ich bin übrigens 1,68 m groß. Was ich wiege, habe ich vergessen.

Um den körperlichen und geistigen Verfall im Verlauf des Abends – ich will nicht sagen für die Nachwelt, aber immerhin doch für uns – zu dokumentieren, schlug Anna ein Plakat vor, auf dem wir einmal pro Stunde den gleichen Satz aufs Papier schreiben sollten: Es ist soundsoviel Uhr, und wir sind noch nicht betrunken. Ihr seht schon, das Niveau war hoch. Um am Abschluss des Abends einen Gewinner bestimmen zu können und weil es am Ende nicht mehr nur ums Schnapstrinken allein ging, sondern plötzlich ein Wettbewerb um Intelligenz, Geschick und Körperkoordination Teil der Wette wurde, dachte sich Anna zehn Spiele aus. Diese galt es jeweils zu gewinnen. Wer nach einer halben Flasche Korn noch geradeaus gucken konnte und am Ende die meisten Spiele für sich entschied, sollte der Gewinner sein.

Wir vereinbarten, dass jedem von uns ein Unterstützer an die Seite gestellt wurde. Und weil sich die Veranstaltung, angetrieben von Lars und Anna, wie in einem Film verselbstständigte, baten wir auch einen befreundeten Juristen dazu, der als Schiedsrichter bei strittigen und in unklaren Momenten eingreifen sollte. Dieser Freund hieß – *Nomen est omen* – Justus.

Justitia in Form von Justus saß also mit am Tisch und ich am Ende in einem Boot, das schon jetzt schwer Schlagseite hatte, weil die Wette für mich mehr Spaßveranstaltung als Egowettstreit war. Bei Lars war es umgekehrt. Unser kleines Happening sprach sich rasch im Freundeskreis herum, und viele wollten als Zuschauer teilnehmen. Am Ende entschieden wir, dass es nur sechs Augenzeugen von diesem vermutlich legendären Abend geben sollte: Anna, Lars, ich, Justus und zwei Freunde für den jeweiligen Beistand.

Wir suchten einen Freitagabend mit schönem Wetter für die Umsetzung aus, da die Spiele, die Anna als Spielleiterin vorbereitet hatte, drinnen und draußen stattfinden sollten. Wer sich jetzt fragt, wie Anna als unmittelbar Wetteinsatzbetroffene in das wichtige Amt der unparteiischen Spielleiterin kam, dem sei gesagt, dass dies einer der wenigen Konsense war, die an jenem Abend erzielt wurden: Anna war fair, und sowohl Lars als auch ich empfanden die zu spielenden Matches als gerecht ausgesucht. Mit anderen Worten, es war für jeden etwas dabei: Ausdauer, Schnelligkeit, Kreativität, Wissen.

Wir freuten uns alle, als die Spiele endlich feierlich für eröffnet erklärt wurden, Justus seinen Schiedsrichterplatz eingenommen hatte und unsere Wettpaten noch letzte motivierende Sprüche ins eigene und demotivierende Sprüche ins gegnerische Lager losließen. Es war also alles ein großer Spaß, und wir starteten mit der ersten Kategorie: Allgemeinwissen. Der erste Schnaps wurde getrunken, und in der Mitte auf den Tisch zwischen uns platzierte Anna eine Halli-Galli-Klingel.

Die Stimmung war ausgelassen, und beide Teams machten witzelnder Weise deutlich, wer hier die Hose anhatte und das Ding nach Hause bringen würde.

»Ihr könnt uns nicht schlagen, wir sind optimal vorbereitet. Beim Joggen haben wir letztens sogar Pflanzen unterwegs bestimmt, falls was mit Botanik rankommt«, rief Lars, schaute mir fest in die Augen und zeigte dabei auf seine Wettpatin.

»Du unterschätzt meinen Ehrgeiz, lieber Freund. Der olympische Gedanke *Dabei sein ist alles!* ist für mich nur der Schriftzug auf einer Merchandise-Tasse aus dem Olympia-Fanshop. Hier zählt das Treppchen. Oberste Stufe«, entgegnete ich und hielt seinem Blick stand, während ich mich gleichzeitig richtig zusammenreißen musste, um nicht gleich loszulachen vor lauter gespieltem Ernst. Ein letzter Kuss über den Küchentisch, an dem wir saßen, dann ging es los.

Anna begann mit dem Vorlesen der ersten Frage in der Allgemeinwissenskategorie. Wer glaubte, die Antwort zu kennen, haute auf die Klingel, und wenn die Antwort richtig war, gab's einen Punkt. Sonst ging der Punkt an den Gegner. Simpel. Die erste mit Spannung erwartete Frage lautete: »Wann wurde das Penicillin erfunden?« Für eine Millisekunde war es totenstill im Raum, und dann schlug eine Hand mit voller Wucht auf die Klingel. Wieder blieb die Zeit kurz stehen, denn wer auch immer da gerade auf die Klingel gehauen hatte, konnte nun mit dem ersten Punkt die Richtung vorgeben.

»1928!«, hörte ich mich laut rufen und war innerlich in diesem Moment komplett leer. Woher wusste ich so was? Nur jemand, der gerade für den Wer-wird-Millionär-Stuhl bei Günther Jauch trainiert, und Pharmaziestudenten im ersten Semester wissen so was. Dass Lars in dem Moment genau das Gleiche dachte, sah ich an seinem erschrockenen Blick.

»Die Antwort ist richtig!«, jubelte Anna.

Ein Blick zu Justus. Alles war korrekt abgelaufen. Der Punkt zählt. Ida 1. Lars 0.

»Woher weißt du so was?«, fragte er mich.

»Keine Ahnung. Ich hatte als Kind ein Buch, das hieß *Grundstock des Wissens*. Meine Eltern haben es mir geschenkt. Da gab es auch einen Chemieteil. Und da stand das drin. Ich hatte es bis eben vergessen«, war ich selbst noch ganz perplex und notierte gedanklich insgeheim »Gutes Buch, gutes Buch. Muss ich später auch für meine eigenen Kinder kaufen …« Anna kündigte die zweite Frage an, und wir lockerten unsere Schultern und die Gehirnzellen. Ein bisschen Nackendehnen, dann die zweite Frage: »Was lernte der Pawlowsche Hund?« Stille, dann ein lauter Knall auf die Klingel, der das Klingeln fast erstickte. Dann wieder Stille.

»Das hat was mit klassischer Konditionierung zu tun!«, hallte es im Raum nach. Und wieder war es meine Stimme, die ich hörte. Ich schaute zu Lars und sah blankes Entsetzen in seinen Augen. Es wurmte ihn. Und zwar richtig. Ich wusste, dass er die Antwort auf die Frage auch kannte. Aber meine Hand lag unter seiner. Und unter meiner Hand lag die Klingel.

Klingel mit der Klingel und sag die Antwort

Lars gehört zu den intelligentesten Menschen, die ich kenne. Sein Steckenpferd ist, neben betriebswirtschaftlicher Tabellenkalkulationen, das politische Zeitgeschehen. Er kennt alle diplomatischen Zusammenhänge und Verstrickungen vom Nordpol bis hin zum Bikini-Atoll. Und wenn er über die politische Großwetterlage Europas debattiert, höre ich ganz gebannt zu und bin gedanklich nach wenigen Minuten aber leider schon ganz woanders, weil meine Gehirnleistung für politische Analytik nicht ausreicht. Ich habe andere Qualitäten. Ich kann zum Beispiel blitzschnell auf eine Klingel hauen und mich an Dinge erinnern, die ich vor zwanzig Jahren mal in irgendeinem Buch gelesen habe. Ida 2. Lars 0.

Anna stellte die dritte Frage: »Welches Organ entscheidet in letzter Instanz über Verfassungsstreitigkeiten zwischen Bund und Ländern?«

Oh, schau da, ein Vögelchen, eine politische Blumenwiese … Ich versuchte, meine Gedanken einzufangen und zur Frage zurückzubringen. »Der Bundesgerichtshof!«, rief Lars.

»Du musst mit der Klingel klingeln und dann die Antwort sagen«, griff Justus ein.

Lars klingelte fix und sagte dann: »Der Bundesgerichtshof!«

»Das ist … leider falsch«, kommentierte Anna die Antwort.

»Ah, scheiße, nein, nein, Moment, ich hab mich vertan, die

richtige Antwort ist, das …«, versuchte Lars noch hinterherzuschieben.

»Stopp! Falsch! Ida hat jetzt noch die Möglichkeit zu antworten. Wenn sie falsch antwortet, gibt es keinen Punkt für niemanden. Wenn sie gar nicht oder richtig antwortet, bekommt sie den Punkt«, erklärte Anna die Spielregeln noch einmal.

»Wie war die Frage? Was mit Politik? Ich sage einfach gar nichts.«

Ida 3. Lars 0. Er war auf seinem Spezialgebiet gescheitert. Natürlich wusste er, dass das Bundesverfassungsgericht die richtige Antwort gewesen wäre. Und er tat mir wahnsinnig leid. Aber mein Mitleid war wohl das Letzte, was er in diesem Moment brauchte. Und ich bin mir nicht sicher, ob ich andererseits hätte Mitleid von ihm erwarten können. Es war eben ein Wettkampf.

Es folgten Fragen zu den Themen Literatur, Mathematik und Kernspaltung. Aber Lars war raus. Und kam nicht wieder in dieses erste Spiel zurück. Ida 10. Lars 0. Ende der Allgemeinwissensrunde. Ich hatte den Punkt für das erste Spiel gewonnen und jubelte. Lars ging eine rauchen.

»Sooooo … jetzt machen wir mal was gaaaanz anderes«, kündigte Anna die zweite Spielrunde mit dem Titel *Der Boden ist Lava* an. Ziel war es, eine Strecke von zwanzig Metern zurückzulegen. Wir durften den Boden nicht berühren, sondern mussten uns mithilfe dreier fußgroßer Papierschablonen fortbewegen. Da ich mit 1,68 m generell näher am Boden dran bin, kann es so schwer nicht sein, gegen einen schweren Zwei-Meter-Mann flugs ein paar Schablonen vor sich herzuwerfen und draufzuspringen, bis zwanzig Meter überbrückt sind, dachte ich mir. Aber gut gedacht ist nicht immer gut gemacht, und weil wir draußen spielten und es windig war, flogen meine Schablonen in der Gegend umher. Während Lars alles im Griff hatte und Meter für Meter gutmachte, musste ich immer wieder von vorne anfangen. Er gewann das Lava-Spiel. Gleichstand.

Es folgten weitere Geschicklichkeits- und Kreativwettkämpfe wie das allseits beliebte Schokoladenschneiden. (Ihr wisst schon, das Spiel, bei dem man sich gerade Schal, Mütze und Handschuhe umgewürgt hat und genüsslich in die Schokolade beißen will, bis der Nächste eine Sechs würfelt und dich quasi mit dem Schal stranguliert, weil er ihn so schnell wie möglich anziehen will, während du den Schal aber selbst noch am Hals hast.) Und unter anderem probierten wir auch aus, wer am längsten auf einem Bein stehen kann. (Und glaubt mir, auch nach zehn Schnäpsen kann man laaaaaange auf einem Bein stehen. Alles eine Frage des unbedingten Willens. Auf beiden Seiten.)

Nach sechs Stunden und einer leeren Flasche Korn stand es tatsächlich 5:5. Gleichstand. Ein Entscheidungsspiel musste her. Und um an dieser Stelle wirklich den Meister aller Kornklassen zu finden, entschied Anna, dass nur ein Wettkampf, der absolute Konzentration fordert, den wahren Sieger bestimmen könnte. Also packten wir gegen Mitternacht und leicht betrunken gedanklich unsere Koffer und nahmen mit: ein Badehandtuch, ein Buch, das Bundesverfassungsgericht, ausreichend Schokolade und vieles mehr. Es waren bestimmt an die fünfzehn Dinge, die unseren Koffer immer schwerer werden ließen, und wir schenkten uns nichts. Bis Lars aus dem Tritt kam. Und sich in der Reihenfolge irrte. Ida sechs gewonnene Spiele, Lars fünf gewonnene Spiele. Amtlich durch den anwesenden Juristen bestätigt.

»Tegernsee, ich komme!!«, freute sich Anna. Und auch ich war happy. Gewinnen ist nun mal ein tolles Gefühl. Nur Lars, der sah aus, als ob ihn gerade jemand so richtig mit der flachen Hand geohrfeigt hätte.

Eine Wette ist kein G7-Gipfel

Die Zeit nach der Wette. Nachdem wir unsere Freunde an diesem Abend verabschiedet hatten, saßen wir noch eine Weile zusammen draußen auf dem Balkon. Obwohl ich merkte, dass nicht alles cool war zwischen uns, gingen wir ins Bett, ohne die Sache zu klären. Als ich am nächsten Morgen aufwachte und noch vor dem Augenaufmachen überprüfte, ob ich Kopfschmerzen hatte, suchte meine Hand auf der anderen Bettseite nach Lars.

»Bist du schon wach?«, fragte ich in mein Kopfkissen. Keine Reaktion. Ich hob meinen Kopf zur Seite und sah, dass er im Bett saß.

»Ich komme nicht darüber hinweg, dass ich gegen dich verloren habe«, sagte er an mir vorbei ins Zimmer.

Dass diese Wette – nach dem Gehaltsvergleich am Tegernsee – der zweite Sargnagel für unsere Beziehung war, begriff ich erst sehr viel später.

»Warum hast du mir diese Wette aufgezwungen, wenn du dann nicht verlieren kannst?«, wollte ich beim Frühstück von ihm wissen. In dem Moment piepte sein Handy. Das Wettkampfergebnis von letzter Nacht hatte sich bereits in unserem Freundeskreis herumgesprochen. Alle fanden die Wette, die Idee, die Umsetzung großartig. Nur Lars nicht mehr.

»Ich will eine Revanche«, ließ er mich wissen, doch ich lehnte fürs Erste ab.

Zum Fazit. Dass mir diese Wette, die ich nicht wollte, am Ende um die Ohren flog, habe ich nicht kommen sehen. Bin ich zu naiv an die Sache herangegangen? Mir war nicht bewusst, welche Tragweite das Ergebnis dieses Wettstreits in der Verbindung zwischen Lars und mir haben würde. Ich habe es einfach nicht kommen sehen. Was genau war hier in den letzten Wochen passiert? Zuerst ist festzustellen, dass auch Lars, wäre er der Gewinner gewesen, seinen Sieg ausgekostet hätte. *Fair enough.* Klar kann man sich im Nachhinein über die eigene Niederlage ärgern. Aber Lars legte mit dieser Niederlage eine männliche Befindlichkeit an den Tag, die ich vorher nicht hatte wahrhaben wollen.

Er konkurrierte mit mir. All die kleinen Wetten aus den letzten Monaten liefen immer darauf hinaus, festzustellen, wer es am Ende besser wusste oder besser konnte. Er brachte einen Konkurrenzgedanken in unsere Beziehung, wo keiner hätte sein dürfen. Gesunder Ehrgeiz, ja. Sich nicht die Butter vom Brot nehmen lassen, okay. Aber mit dem eigenen Lieblingsmenschen derart zu konkurrieren und die Niederlage dann als Spott zu empfinden lag mir fern, war für Lars aber offensichtlich mehr als real. Die Kornwette hatte irgendetwas in ihm getriggert. Für mich war es ein harmloser Wettbewerb, für ihn eine ernsthafte Challenge. Das habe ich anfangs nicht verstanden. Stand seine Männlichkeit für ihn hier auf dem Spiel!? Ich hätte euch diese Frage gerne beantwortet. Aber ich kenne die Antwort nicht, und wahrscheinlich kennt nicht einmal Lars die Antwort auf die Frage, die auf sein Selbst- und Unterbewusstsein abzielt.

Ich habe mich seitdem des Öfteren gefragt, ob ich einer Wette solchen Ausmaßes noch einmal zustimmen würde. Mein erster Impuls: Nein, ich würde nicht noch einmal derart groß um Intellekt, Geschick, Ausdauer und Kraft wetten wollen, aus Angst, dass das Ergebnis eine der beiden Parteien derart aus dem Konzept bringt, dass irgendwas kaputt bricht. Mittlerweile und mit Abstand betrachtet, würde ich eine solche Wette natürlich wieder eingehen, denn schuld an dem Schlamassel war nicht die Wette, schuld waren wir. Ich, weil ich die Kreise nicht ernst genommen hatte, die dieser Wettkampf zog. Und er, weil er die Wette zu ernst nahm und am Ende nicht darüber reden konnte.

113

Es ist Blödsinn, sich nicht aus Spaß zu messen und damit die Chance zu vergeben, ein gemeinsames Erlebnis zu schaffen, das es wert wäre, davon auch in zehn Jahren noch zu sprechen. Aber ich habe etwas gelernt: Beim nächsten Mal muss dringend vor und nach einem so groß angelegten Wettstreit miteinander gesprochen werden. Über Dinge wie Ehrgeiz, Umgang mit Niederlagen und inwiefern es Einfluss auf das Machtgefälle innerhalb der Beziehung nehmen könnte. So eine Wette ist zwar kein G7-Gipfel, aber sicher ist besser.

Ich weiß, dass es genug Männer gibt, die nach einer solch (spielerischen!!) Schlappe entspannt weiterleben können und die Niederlage lachend mit »Meine Alte hat mich eben abgezogen!« kommentieren. Das erhoffte ich mir auch von Lars. Aber ich habe ihn falsch eingeschätzt. Im Nachhinein wünschte ich, dass wir das, was an diesem Abend passiert ist, nicht so einfach hätten unkommentiert stehen lassen. Nicht am selben Abend, nicht am nächsten Morgen und nicht in den Wochen danach.

Rückblickend betrachtet ging ich in den Wochen nach dem Wettstreit davon aus, dass es eine unterhaltsame Anekdote für die Hochzeitsrede werden würde, die vielleicht Anna oder Lars selbst irgendwann am Tag der Tage zum Besten geben würde. Wir hätten alle noch einmal kräftig darüber lachen können. Miteinander. Nicht übereinander. Die Rede kam aber nicht. Weil die Hochzeit nicht stattfand. Wer sich jetzt noch fragt, wie man eigentlich eine halbe Flasche Korn trinken und trotzdem noch konzentriert bei der Sache sein kann, für den lautet die Lösung: Wasser. Unmengen von Wasser müsst ihr nebenbei trinken. Und nichts anderes. Nur Korn und Wasser. Und vorher etwas Anständiges essen. Grünkohl mit allem Zipp und Zapp zum Beispiel. Glaubt mir, dann überlebt ihr so etwas unbeschadet. Was außerdem beim Gewinnen hilft? Zweimal im Jahr anständig üben.

9. Ist das noch dein Mann, oder ist der schon weg?

Ich weiß nicht, ob es euch genauso geht, aber ich liebe Erleuchtungen. Der Moment, wenn es klick macht und eine Erkenntnis sich Bahn bricht. Unbezahlbar. Und Menschen werden in dem Augenblick instant sexy für mich, wenn sie mir so einen Augenblick bescheren. Hier kommt ein Beispiel: Das Wort »hören« lautet im Lateinischen »audire«. Der Imperativ Singular, so viel Zeit muss sein, von »audire« lautet »audi«. Der Automobilhersteller mit den vier Ringen geht zurück auf August Horch, der die Markenrechte an seinem Namen mit Verlassen seiner ersten Firma abgeben musste und den Namen seines neugegründeten Unternehmens auf Anraten eines Schülers ins Lateinische übersetzte. So wurde 1910 aus der August Horch Automobilwerke GmbH die Audi Automobilwerke Zwickau GmbH. *Ahhhhh!* Jetzt ergibt alles einen Sinn: Auditorium, Audimax, audiovisuell, Audienz. Das hat alles etwas mit Zuhören zu tun. Verrückt! Klar kann man ohne dieses Wissen unproblematisch und gut überleben, aber mit Durchblick ist doch alles ein bisschen schöner.

Ich liebe solche Erleuchtungen, und mögen sie noch so banal sein. An einen weiteren Aha-Effekt gleichen Ausmaßes kann ich mich noch sehr genau erinnern, verantwortlich dafür war mein Chemielehrer. Es ging in der Oberstufe um die Denaturierbarkeit von Eiweiß durch Hitze. Was bedeutet das konkret? Das heißt, dass Eiweiß in einem Topf voll kochendem Wasser hart wird. Es denaturiert. Heraus kommt mit viel Glück ein perfektes Sechseinhalb-Minuten-Ei fürs Frühstück. Ein Zurück zum ursprünglichen Zustand gibt es aber nicht. Hart bleibt hart. Ab fünfundvierzig Grad Celsius ist das Eiweiß quasi im Hitzeschock und kann, auch wenn danach die Temperatur fällt, nicht wieder in den glibberigen Urzustand zurückversetzt werden. Bereits ab vierzig Grad Celsius kommen die Proteine ins Schleudern und sind irgendwo zwischen Gut und Böse. Warum fand ich diese Erkenntnis für mich so bahnbrechend? Weil sie mir erklärt hat, warum Fieber jenseits von vierzig Grad Celsius gefährlich für Menschen ist. Die Proteine im Körper geraten in Wallung, und wenn der Hitzebogen überspannt ist, werden die ursprünglichen Proteinstrukturen zerstört, und wir werden zum Sechseinhalb-Minuten-Ei. So weit mein Laienverständnis vom chemischen Prozess des Eierkochens. Wer das noch nicht gewusst hat, bitte, gern geschehen. Dankt mir später. Vielleicht könnt ihr das Wissen bei passender Gelegenheit irgendwo gut unterbringen, zum Beispiel beim Überbrücken einer peinlichen Situation oder auf der Jahreshauptversammlung eures örtlichen Kleintierzüchtervereins. Schnappt euch das Mikro, und dann: »Audi, liebe Hühnergemeinde! Wir danken dem Vorsitzenden für die warmen Worte. Die Stimmung brodelt und ist auch in diesem Jahr erneut am Überkochen. Protein ex und hopp! Jetzt gibt es kein Zurück mehr!« Würde mich interessieren, wie viele Fans des gepflegten Wortwitzes sich unter den Zuhörern befinden. Ich hätte auf jeden Fall herzlich gelacht. Aber ich bin auch der größte Fan meiner eigenen Wortwitze und lache über das, was meiner Meinung nach subtiler Humor ist. Meine Freunde verdrehen in solchen Situationen für gewöhnlich die Augen oder gehen aufs Klo und freuen sich weniger über den eigentlichen (kongenialen) Witz als einfach darüber, dass ich mich freue. Ich lache viel und gern. Und laut. Und ausufernd. Das baut Spannungen ab und Beziehungen untereinander auf. Ich lache über mich und mit anderen. Über jemand anderen zu lachen liegt mir fern. Kurzum: Auslachen fetzt nicht. Ausgelacht werden fetzt noch viel weniger.

Sternchentage

Davon abgrenzen will ich aber ganz klar die kleinen Schadenfreuden unter Freunden. Diese speziellen Situationen, die Spaß machen, weil man sich so gut kennt und gerade irgendwas komplett aus dem Ruder gelaufen ist. Da lacht man im Idealfall miteinander. Und freut sich, dass man selbst nicht der Idiot bei der Sache ist. So geschehen in der Anfangszeit mit Lars. Wir besuchten eine proppenvolle, öffentliche Spaßveranstaltung am Tegernsee. Es gab Strand, Hitze, Menschenschlangen so weit das Auge reichte, Wasser, Musik und eine Crêpesbude am anderen Ende des Platzes. Wir kratzten unser weniges Bargeld zusammen, es reichte tatsächlich für einen Teigfladen. Ich durfte mich an Ort und Stelle ins schattige Gras setzen und warten. Zehn Minuten. Fünfzehn Minuten. Zwanzig Minuten. Dann sah ich, wie sich Lars durch die Menschenmenge kämpfte und triumphierend einen französischen Pfannkuchen in der Hand hielt. Männer bei der Jagd: Mammut mit Nutella-Füllung nach hartem Kampf mit einer hungrigen, mehrköpfigen Schlange, die an der Bude anstand, erfolgreich erlegt. Ich war happy, Lars war happy. Er setzte sich neben mich und präsentierte mir das Kleinod bretonischer Gourmetkultur auf einem Pappteller. Es sah einfach unwiderstehlich lecker aus. Er sah einfach unwiderstehlich aus. Die Kombination aus beidem ließ mich fühlen, dass es einer meiner Glückstage zu sein schien. Ein Sternchentag. So nenne ich die Tage, die unscheinbar beginnen, aber so viele großartige unerwartete Begegnungen enthalten, sodass sie rundum glücklich machen.

Das können zufällige Begegnungen mit Menschen sein, die man lange nicht mehr gesehen hat, ein Abendessen in einem kleinen Restaurant, das man beim Vorbeigehen entdeckt hat, der Autoverkäufer, der beim Kauf eines neuen Autos ganz plötzlich noch vier Fußmatten und einen Gratislenkradschonbezug obendrauf legt. Für viele von euch wäre ein Gratislenkradschonbezug vielleicht nicht die Kirsche auf der Verhandlungstorte. Aber ich bin wirklich schlecht im Ausverhandeln von Extras bei Küchenstudios und Autohäusern. Für mich sind vier Fußmatten obendrauf schon ganz großes Kino. Das ist echt traurig, ich weiß. Für einen türkischen Basar wäre ich nicht gemacht.

Aber Glück kennt eben viele Formen. Und an diesen Tagen passt einfach alles. Es fühlt sich an wie eine Grüne-Ampel-Welle, die den ganzen Tag anhält, egal ob ihr Gas gebt oder ganz gemütlich unterwegs seid. An solchen Tagen, die vielleicht zwei- oder dreimal im Jahr vorkommen, weil sie so perfekt und daher so selten sind, klebe ich gedanklich einen großen Sternchensticker auf den Tag. Ich kann mich im Nachhinein nicht an alle Sternchentage im Detail erinnern, aber ich weiß in jedem Fall, wie sie sich anfühlen: unbeschreiblich leicht.

So ein Sternchentag bahnte sich auch mit Lars am Tegernsee an. Wir waren frisch verliebt und dabei, uns richtig kennenzulernen. Wie gesagt, er hatte gerade zwanzig Minuten in der Hitze stehend in einer Warteschlange verbracht, um einen Crêpe für uns zu ergattern. Ob er als Erster vom Crêpes abbeißen dürfe, fragte er mich. Na sichi, der Mann, der mir unter widrigen Bedingungen ein Crêpes-Opfer darbringt, darf fast alles bei mir. Auch als Erster vom Nutella-Mammut abbeißen. Ich übte mich also noch ein wenig in Geduld, verfolgte den Crêpe mit meinen Augen und versuchte, trotz Bärenappetit die Haltung zu wahren. Der Einzige, der den Halt verlor, war der Crêpe selbst. Nachdem Lars abgebissen hatte und ihn mir reichen wollte, rutschte er ihm irgendwie aus der Hand. Flatsch. Nutella verteilte sich im Gras zwischen uns. Crêpes sind bekanntlich evolutionsbiologisch nicht mit Katzen verwandt und daher auch genetisch nicht in der Lage, auf der Pappseite zu landen, wenn sie ins Gras fallen. Marmeladenbrote weisen bekannterweise die gleiche genetische Unvollkommenheit auf.

Der, die, das Nutella-Crêpe lag nun mit dem Gesicht nach unten in genau der Art von Gras, auf dem für gewöhnlich Katzen und Hunde, na sagen wir mal, im günstigsten Fall nur herumstreunen. Das Mammut zu essen war also nicht mehr drin. Ich begann zu lachen. Aus tiefster Seele und richtig laut. Weil es so absurd war. Es war heiß, es war laut, ich hatte Hunger, und unser letztes Bargeld hatten wir in einen nunmehr ungenießbaren Teigfladen investiert. Es war einfach lustig. Und während ich mich kringelte, bemerkte ich, dass Lars nicht lachte. Ich war happy, Lars war still.

»Ich freue mich immer, wenn du so aus vollem Herzen lachst«, sagte er zu mir. Nur klang es aus seinem Munde komisch. Irgendwie mit Vorbehalt. Ich weiß noch, dass ich da saß und mir wünschte, er meinte es genauso, wie er es gesagt hatte. Aber ein erster Zweifel daran schlich sich in meine Gedanken. Warum, weiß ich nicht.

»Ich lache dich nicht aus, ich lache dich an. Das kann jedem passieren«, packte ich ihn versöhnlich und umarmte ihn.

Lange habe ich der Situation keine Bedeutung beigemessen, und dennoch hat sie sich in meinen Kopf gebrannt. Vielleicht, weil die Szene so lustig war? Nein, sondern weil irgendetwas merkwürdig war. Und ich wusste lange Zeit nicht, was an diesem Tag nicht stimmte, bis ich zweieinhalb Jahre später auf meiner Couch herumsingelte und mir Netflix unverhofft ein einleuchtendes Lösungsangebot machte.

Autohaus-Suse hatte mir eine britische Krimiserie empfohlen: »Ein bisschen was fürs Auge, Spannung und eine toughe Frau. Ich glaube, du wirst es mögen.« Die Serie heißt *The Fall*, ich klickte auf Abspielen. Akte-X–Star Gillian Anderson ermittelt im nordirischen Belfast als scheinbar abgeklärte Detective Superintendent Stella Gibson in einem Kriminalfall. Sie ist einem Serienkiller auf der Spur. Der wird, das ist von Anfang an klar, gespielt von *Shades-of-Grey*-Softsadist Jamie Dornan. Ohne Superimperium und Hubschrauber kommt er als Paul Spector allerdings weniger anziehend rüber. Das könnte aber auch daran liegen, dass er es in diesem Film mit Schmerzen und Folter Frauen gegenüber ziemlich ernst meint und kein Safeword die Situation auflösen kann. Man darf sich als Frau von so einem privaten Helikopter wirklich nicht blenden lassen, denke ich zwischendurch.

Ich schaue die erste Staffel am Stück. Zu spannend ist die Entwicklung der Handlung. Die Charaktere werden vorgestellt, Rückblicke geben Details preis. Der Zuschauer erhält Einblicke in nordirische Privathaushalte. Gewalt, Intrigen, Blut, Tränen. Am nächsten Abend sitze ich wieder vor dem Fernseher. Die Handlung wird straffer, die seelischen Abgründe offensichtlicher. Auf beiden Seiten. Die Serie gibt preis, dass Stella Gibson keinen festen Partner hat, aber dann und wann mit jüngeren Kollegen schläft. In einer Szene der zweiten Staffel sitzt sie am Morgen danach mit dem Spaß von letzter Nacht im Hotelbett, und beide kommen ins Gespräch. Ob Stella Gibson den Hauptverdächtigen Spector anziehend findet, möchte der junge Kollege von ihr wissen. Sie antwortet: »Eine Frau, ich habe vergessen, wer, hat mal einen männlichen Freund gefragt, warum Männer sich von Frauen bedroht fühlten. Er antwortete, sie hätten Angst davor, dass Frauen sie auslachen. Als sie dann eine Gruppe von Frauen fragte, wieso sie sich von Männern bedroht fühlten, sagten sie, wir haben Angst, dass sie uns töten.« Sie verneint damit die Faszination in Bezug auf Paul Spector. Der Schwerpunkt der Aussage lag in diesem Zusammenhang gewiss auf dem zweiten Teil der Aussage: Die Sache mit dem Töten von Frauen. Mich interessierte aber Ersteres: Männer und Lachen und damit im Zusammenhang ein Crêpe, der auf dem Weg zwischen zwei Mündern den Notausgang Richtung Gras nahm.

Nun ist der Schritt vom unschuldigen Crêpe hin zum Serienmörder thematisch natürlich gewagt. Aber das ist das Faszinierende an Erleuchtungen. Sie nehmen keine Rücksicht auf moralische Befindlichkeiten, sondern treten zutage, wenn es so weit ist. Buddha, Jesus Christus und alle Erleuchteten dieser Welt werden ein Lied davon singen können. Bei Wikipedia heißt es ungefähr: »Eine Erleuchtung bezeichnet eine religiös-spirituelle Erfahrung, bei der ein Mensch [...] sein Alltagsbewusstsein überschreitet und er eine dauerhafte Einsicht in eine – wie auch immer ausgeprägte – gesamtheitliche Wirklichkeit erlangt.« Man könnte auch die Wörter »religiös-spirituell« weglassen und den Begriff »Männer« davorsetzen. Das ergibt auch irgendwie Sinn. Meine Männer-Erleuchtung kam an jenem Netflix-Abend in Form einer Kommissarin, die gerade Sex hatte. Ein imaginärer 10.000-Watt-Strahler erhellte von jetzt auf gleich mein dunkles Wohnzimmer und zielte direkt auf mich. *Halleluja!* Es gibt einen ganzen Wirtschaftszweig, der sich mit erhellenden Momenten befasst und fragt: Wie nah bist du an der Erleuchtung dran? Bücher über Videos über

Podcasts. Bei Moses war es ein brennender Dornbusch, bei mir brachte eine BBC-Produktion den zündenden Gedanken:

Männer haben Angst davor, ausgelacht zu werden.

Habe ich je einen Mann ernsthaft ausgelacht? Nein! Aber das Sender-Empfänger-Problem ist uns allen bekannt. Was ich sage und was mein Gegenüber aus der Info heraushört, sind im Zweifel zwei Paar Schuhe. So ähnlich muss das auch mit dem Lachen sein, denke ich mir. Wir lächeln jemanden an, und der andere fragt sich, warum grinst die so komisch? Will die mich damit provozieren???

Ich beschloss, der Angelegenheit auf den Grund zu gehen. Wäre doch gelacht, wenn sich das Ding zwei Jahre nach dem Crêpe-Gate nicht doch noch klären ließe. Bin ich pedantisch? Nee, gar nicht. Ich vergesse leider nur selten etwas. Und der Tag am Tegernsee lag gedanklich noch in der »Zu-bearbeiten-Schublade« in meinem Kopf. Ganz oben. All diejenigen unter euch, die ihre Steuerklärung von vor zwei Jahren immer noch nicht abgegeben haben, wissen, was ich meine. Ich fing also an zu googeln und stieß auf die kanadische Schriftstellerin Margaret Atwood. Sie soll einst auf die Frage, worin sich die Lebensrealitäten von Männern und Frauen unterscheiden, geantwortet haben: »Männer haben Angst, dass Frauen über sie lachen könnten. Frauen haben Angst, dass Männer sie töten könnten.« Offensichtlich handelte es sich hierbei um eine allgemein anerkannte Weisheit, von der ich bislang noch nichts gehört hatte. Je tiefer ich in die Thematik einstieg, desto mehr Fragen wurden aufgeworfen als beantwortet. Klar war mir aber mittlerweile, dass sich Männer durch ein einfaches Lachen infrage gestellt fühlen können. Ich kam zu der Erkenntnis, dass meine ausufernde Art zu lachen schon den ein oder anderen Mann provoziert haben muss. Nicht nur beim Crêpe-Essen, sondern auch im Bett hatte ich vermutlich bereits Männer ratlos zurückgelassen, weil ich ausufernd gute Laune hatte und einen Grund zum Lachen fand. Ich kam zu der Erkenntnis: Männer wollen Respekt, Frauen wollen Zuneigung.

Ich nahm mir also vor, in der Sache Selbstoptimierung zu betreiben und in den kommenden Tagen nach einem Online-Seminarangebot Ausschau zu halten, das da vielleicht hieß »Traumfrau werden – Männeregos streicheln«. Wenn dieser Workshop keine nachhaltige Wirkung zeigen sollte, würde ich mich bei »Dosiert lachen: So bleibt Ihre Beziehung länger frisch« einschreiben. Irgendwas würde schon fruchten.

Ein Fröhlichkeitsinterpretationsdefizit

Gerade als ich überlegte, ob ich Baron de Lefouet, den Bösewicht aus *Timm Thaler*, anrufen und ihm mein Lachen anbieten sollte, um mich vor dem nächsten Lach-Fauxpas zu schützen, kam ich zu der Erkenntnis, dass nicht ich die Wurzel allen Übels bin. Nicht ich sende die falschen Signale, sondern mein Gegenüber hat vermutlich ein Interpretationsdefizit ob meiner Fröhlichkeit. Das ist insofern schade, als ein herzhaftes Lachen nicht per se der Niedergang von Respekt ist. Ich nahm mir vor, meinem Lachverhalten in der nächsten Zeit mehr Aufmerksamkeit zu widmen und die Reaktionen der Menschen in meinem Umfeld genau zu beobachten.

»Jeder ist ja irgendwie in seiner Lebenswirklichkeit unterwegs, und du kannst niemandem hinter die Stirn gucken, aber für mich ist mittlerweile klar, dass du beim ersten Date fast schon knallhart sein musst, wenn der Typ für dich eine Option auf mehr ist. Damit im Zweifel ein Lachen immer noch ein

Lachen ist und nicht als Demütigung wahrgenommen wird«, sagte Suse, als ich sie am nächsten Tag im Autohaus besuchte. Ich hatte ihr von meiner Erleuchtung erzählt, und wir saßen in ihrem Büro und tranken Kaffee.

»Was meinst du mit knallhart?«, fragte ich.

»Ich meine, dass wir alle mit so viel Ballast rumlaufen, dass ein ehrlich beantworteter Fragebogen vor dem ersten Date die Dinge abkürzen könnte.«

»So was wie ›Passt dein Spleen zu meinem?‹«, gab ich nachdenklich zurück.

»Genau, ich spreche von den vier goldenen Fragen beim ersten Date: 1. Was ist mit deiner Mutter? 2. Wie ist das Verhältnis zu deinem Vater? 3. Was hat der Tod deines Hamsters vor dreißig Jahren mit dir gemacht? Und 4. Kannst du darüber reden?«

Suse knows best. Vermutlich wäre die ehrliche Beantwortung dieser Fragen ein erstes Indiz auf die Fähigkeit von Männern, eine langandauernde Partnerschaft auf Augenhöhe zu führen. Mit gerade einmal fünfunddreißig Jahren habe ich das Gefühl, keine relevanten Männer aus dieser Zielgruppe kennenzulernen. Meine Couple-Goal-Kohorte der Dreißig- bis Fünfundvierzigjährigen ist genauso wie die Haarpracht vieler dieser Männer: reichlich übersichtlich. Wobei viele oder wenige Haare kein Ausschlusskriterium für eine Beziehung sind. Wichtiger ist, dass es keine Konkurrenz in der Partnerschaft gibt. Darauf erst mal gedanklich ein Schnapsglas voll Korn, cin cin! Ich habe das Gefühl, dass das ein Generationenproblem unserer Zeit ist. Alle sind permanent Konkurrenten. Alle sind permanent auf der Hut. Überall lauert Konkurrenz, Individualisierung und Selbstoptimierungswahn. Immer und überall mithalten zu können, ist dermaßen ermüdend. Da werden aus den Couple-Goals, also welche Ziele verfolgen wir als Paar, ganz schnell persönliche Life-Goals, und am Ende dessen sind nur noch zwei Dinge wichtig: ich und mein Leben. Maximal optimiert. Maximal egoistisch.

Wie schön ist es da, wenn man jemanden hat, mit dem man dauerhaft gemeinsam lachen kann. Versteht mich nicht falsch, es gibt jede Menge Singlemänner zwischen dreißig und fünfundvierzig Jahren. Bei vielen von denen zeigen die Füße allerdings meist schon beim Kennenlernen in Richtung Ausgang, ohne dass ihr es merkt. Und oft genug auch, ohne dass sie es merken.

Während ich dieses Buch schrieb, kam ich durch Zufall mit einem alten Freund ins Gespräch. Wir hatten uns viele Jahre lang nicht gesehen, und plötzlich brachte uns das Schicksal zusammen. Wir wurden uns bei Tinder vorgeschlagen, danach tauschten wir uns monatelang per WhatsApp aus, und er erzählte mir von seiner letzten Beziehung, die er in den Sand gesetzt hatte, weil er instinktiv permanent auf der Flucht war.

»Meine Beziehungen haben alle längstens ein halbes Jahr gehalten, dann wurde es mir zu eng. Mit meiner letzten Freundin hielt es drei Jahre. Allerdings ging das nur so lange gut, weil wir uns höchstens einmal pro Woche gesehen haben. Dann sprach sie vom Zusammenziehen, und bei mir setzte augenblicklich Panik ein, ohne dass ich das wollte. Sie ist eine tolle Frau, die Anziehung war da, aber ich musste weg. Wohin, wusste ich auch nicht. Aber dass ich wegwollte, wusste ich ganz genau.«

Ich verstand ihn nicht. Weil wir uns schon seit Ewigkeiten kennen, begann ich nachzufragen.

»Ich blicke das wirklich nicht. Deine Eltern sind verheiratet, deine Schwester ist verheiratet und hat Kinder. Deine Kumpels sind verheiratet. Es hat doch niemand eine schlechte Erfahrung in deinem Umkreis gemacht. Aber du musst weg?!«

Konkret begründet hat er seine Gedanken nie. Er sprach über Abgrenzung und Nähe, unreflektierte Kindheitsprägungen, Schutzmauern, alte Muster und Selbstwertprobleme. Unser Chatverlauf liest sich wie der ausführliche Besuch auf einer Psychologencouch. Wir haben in diesen Wochen nie persönlich am Telefon miteinander gesprochen, auch haben wir uns nicht getroffen. Es war vertraut und anonym zugleich. Alle seine Erklärungsversuche zielten im Prinzip auf die folgenden Fragen ab:

1. Was ist mit deiner Mutter?
2. Wie ist das Verhältnis zu deinem Vater?
3. Kannst du darüber reden?

Wer sich diesen Fragen nicht stellt, hat er gesagt, wird die Pferde immer wieder satteln und ohne konkretes Ziel auf und davon reiten.

Es gibt Momente, in denen glaube ich nicht an Zufälle. Die Begegnung mit diesem alten Freund bei Tinder war kein Zufall. Wir waren das, was der jeweils andere in genau diesem Moment brauchte. Wir fanden viele Antworten auf unsere offenen Fragen aus der letzten Beziehung in dem jeweils anderen. Er verhielt sich wie Lars, ich verhielt mich wie seine Ex-Freundin. Er war auf der Flucht, und ich war die, die durch seine Staubwolke die Orientierung verlor. Ich fand Antworten bei ihm, er fand Antworten bei mir. Wir sprachen viele Wochen über dieses und jenes und kreisten um die drei Fragen, und dann sagte er den Satz, der simpler nicht sein konnte und der mich aber mit voller Wucht durchs Telefondisplay traf. Er schrieb, dass es ihm alles sehr leidtäte. Seiner letzten Freundin gegenüber. »Es tut mir sehr leid.« Fünf einfache Worte. Und obwohl er nicht mein Ex-Freund war, überrollte mich in diesem Moment die Erkenntnis, dass es das ist, was mir bislang fehlte. Eine aufrichtige Entschuldigung fürs Weggehen. Von Lars.

Ich habe diese Entschuldigung, die nicht an mich adressiert war, für mich vereinnahmt. Dieses Bitten um Verzeihung war auch für mich. Und es hat mir über den Berg geholfen. Fünf Wörter, von denen ich nicht gewusst habe, dass ich sie brauchte, die aber ihre Botschaft über Umwege zu mir gefunden haben. Diese fünf Wörter waren eine Befreiung für mich.

»Es tut mir sehr leid.« In diesem Moment habe ich Frieden nicht nur mit Lars, sondern mit allen Männern geschlossen, die aus den gleichen Gründen nicht in meinem Leben geblieben sind. Nun konnte ich endlich loslassen, einen gedanklichen Haken an all die verlassenen Baustellen machen. Freiheitsdrang ist mit Sicherheit ein sehr ambivalentes Begehren. Und manchmal ist es leichter, Menschen, die man liebt, wegzustoßen, als den goldenen drei Fragen auf den Grund zu gehen und sich den eigenen Befindlichkeiten zu stellen.

Heute würde ich sagen, ich erkenne acht von zehn Männern des Typs »starke Arme, kalte Füße«. An den Zwischentönen im Gespräch. Und das schon ziemlich am Anfang eines Kennenlernens. Das war nicht immer so. Meinem Lieblingsergebnisorientiertheitsphobiker Lars habe ich damals nicht genau zugehört. Quasi im Vorbeigehen verkündete er mir beim Kennenlernen, dass er sich bisher alle zwei Jahre von seiner Freundin getrennt hat. Mädels, mal ehrlich: Was denke ich als Frau, wenn ich so was höre?!? DAS PASSIERT MIR DOCH NICHT! Ergo, Schnürsenkel noch mal fest zubinden und dann lachend in die Kreissäge laufen. Obacht, hier kommt der Disclaimer: Wenn ein attraktiver Typ mit vollem Haar und Haus am Tegernsee, der sich auch ansonsten sortiert artikulieren kann, mit Mitte dreißig noch nicht verheiratet ist und keine Kinder hat, dann stimmt irgendwas nicht. Das meine ich nicht sarkastisch, denn mir ist durch besagten alten Freund und die vielen Gespräche mittlerweile klar geworden, dass solche Männer mehr mit sich zu kämpfen haben, als es nach außen hin sichtbar ist. Die aktuelle Freundin und die Beziehung, die den Bach runtergeht, sind da nur der Kollateralschaden. Blöd nur, dass uns Frauen durch die Beziehungsphobie jede Menge Männermaterial flöten geht. Einer hat die Kurve in Richtung Beziehung allerdings noch bekommen, und das ist mein WhatsApp-Freund. Sein Fluchtreflex ist zwar nicht komplett verflogen, hat er mir erzählt, aber seine Gefühle hermetisch abzuriegeln sei ihm auf die Dauer auch zu anstrengend. Er hat jetzt angefangen, Bücher darüber zu lesen, und macht sich Gedanken. Mit dem Ergebnis, dass er und seine Drei-Jahres-Freundin letztens zusammen wandern gegangen sind. Da hat offensichtlich jemand sein Problem erkannt, sein Schicksal nicht als gottgegeben hingenommen und angefangen, sich auseinanderzusetzen.

Der Ehrlichkeit halber muss ich gestehen, dass ich mit vielen Männern gesprochen habe, die derlei Strukturprobleme bei sich erkannt haben und diese nicht mehr einfach nur aussitzen, sondern bei geschultem Personal Platz nehmen. Sie gehen zum Psychologen. Ich finde das gut und keineswegs unmännlich. Wenn man merkt, dass das Pferd, auf dem man jahrelang unterwegs war, tot ist, dann braucht man etwas Neues, das einen von nun an weiterbringt. Kurzum: Romeo, dein Pferd ist tot. Steig ab und sattle um! Am besten auf ein Gefährt, das mehr Wert auf den Vorwärts- als auf den Rückwärtsgang legt.

Weglaufen. Hierbleiben. Weglaufen? Hierbleiben!

Ich habe in den vergangenen Jahren bemerkt, dass es nicht nur die Männer sind, die oft genug einen Rückzieher machen. Vielfach erwische ich mich mittlerweile selbst bei dem Gedanken, mit einer scharfen Kurve noch den letzten Ausgang aus einer Situation zu nehmen, die eventuell auf eine feste Partnerschaft hinauslaufen könnte. Aus Angst, mein Leben teilen zu müssen. Auf der anderen Seite ist da aber ganz klar die Angst, mein Leben mit niemandem teilen zu können und für immer am Sonntagabend allein den Tatort schauen zu müssen. Weglaufen. Hierbleiben. Weglaufen? Hierbleiben! Und das sage ich nicht, weil ich emotional bedürftig bin oder meine innere Uhr tickt. Weglaufen kann einfach nicht der Sinn des Lebens sein.

Die Diskussion um das Gehen und Bleiben habe ich bereits mit mir selbst geführt, bevor ich Lars kennengelernt habe, und führe sie weiterhin. Bei ihm habe ich gelernt, dass es zwei Dinge braucht, um den Rückwärtsgang außer Betrieb zu nehmen: Die Einsicht, dass Weglaufen ein großer Umweg zu mir selbst ist, der deutlich abgekürzt werden könnte, sowie die Erkenntnis, dass mit dem richtigen Menschen an der Seite *ein Leben lang* nicht zu lang ist. Denn ein Leben lang bedeutet nämlich nicht zwangsläufig *lebenslänglich*.

10. Wie viel Erfolg verträgt die Liebe?

Ich kann mich noch sehr genau an diesen einen Sonntagmorgen im Oktober erinnern. Am Vorabend hielt ich einen Vortrag in Berlin und habe in einem Hotel nahe des Savigny-Platzes geschlafen. Am Vormittag wollte ich einen Spaziergang durch Charlottenburg machen und war auf dem Weg zum Bäcker. Vom Savigny-Platz führt eine kleine Gasse vorbei am Bäcker und in Richtung S-Bahn-Eingang. Links und rechts sind Restaurants, ein Café, ein Buchladen, und jemand bietet selbst gemachten Schmuck im Schaufenster an. Es war ein herbstlicher Morgen. Ich kam mit meiner Brötchentüte aus der Bäckerei, und schon beim Bezahlen hörte ich, wie jemand draußen Gitarre spielte. Es war 9.30 Uhr, und ich war mit meinem belegten Brötchen im Anschlag unterwegs, als ich in die Gasse einbog und einen gut angezogenen, älteren Herren an der Gitarre sah. Er spielte nicht schlecht, und ich griff in meine Manteltasche, um nach einem Euro zu wühlen. Es waren noch zehn Meter. Acht, fünf, drei ... und ich setzte mein Es-ist-Sonntag-9.30-Uhr-ach-Mensch-schöne-Musik-Lächeln auf, das er wie aus dem Nichts mit den Worten quittierte: »Was bist du denn für ein Assi? Such dir 'n Mann und krieg 'n Kind! Dann haste auch am Sonntagmorgen keine Zeit mehr, hier so blöde rumzulaufen!« Er wurde laut dabei. Seine Gitarre sagte nichts mehr, schaute mich aber irgendwie vorwurfsvoll an. Der Mann schien weder betrunken noch geistig verwirrt zu sein.

Ich drehte mich um, aber da war niemand außer mir. Der meinte tatsächlich mich. Das Salamibrötchen in meiner Hand setzte augenblicklich Schimmel an, mein Lächeln erlosch, und das Herz rutschte mir in die Hose. Zu sagen, dass es in genau diesem Moment begann, zu regnen, wäre zwar für die Dramatik des Augenblicks gut, aber ich glaube, es hat nicht geregnet. Um ehrlich zu sein, weiß ich von dem Moment nach diesem Spruch eigentlich gar nichts mehr. Wie benommen ging ich weiter. Lachte halb hysterisch in mich hinein. Schaute mich noch einmal nach ihm um. Ein gut gekleideter, älterer Herr. Und eine Gitarre. Und ein wunder Punkt. Das Thema an Ort und Stelle sachlich auszudiskutieren, erschien mir wenig zielführend. Der Mann sah nicht so aus, als ob er an einem Gespräch interessiert gewesen wäre. Das Beschimpfen junger Frauen, die morgens um halb zehn allein durch die Stadt liefen, schien eher sein Ding zu sein. Meine kinder- und männerlose Erscheinung schien ihn getriggert zu haben.

Ich lief ein paar Straßen weiter und weiß gar nicht mehr so genau, wo entlang. In meinem Kopf gaben sich Empörung, Leere und das Gefühl, getroffen worden zu sein, die Klinke in die Hand. Nach einer kleinen Ewigkeit kam ich an das Schaufenster eines Antiquariats, in welchem alte Kinderbücher auslagen. Als Kind und Jugendliche habe ich viel gelesen. Und die TKKG-Bücher von Stefan Wolf kannte ich in- und auswendig. Tarzan, Karl, Klößchen und Gaby. Vier Jugendliche lösten Kriminalfälle. Das Buch, das an diesem Morgen in jenem Schaufenster lag, hieß *Duell im Morgengrauen*. Fehlt nur noch eine Gitarre auf dem Cover, dachte ich. Duell im Morgengrauen. Ein älterer Typ mit einer Gitarre und eine junge Frau mit einem Salamibrötchen. Die Waffen, würde ich sagen, waren quasi gleich verteilt. Der Morgen war auch da. Das Grauen kam durch seine Worte hinzu. Dass ich das Duell wortlos und perplex verlor, lag an dem Hinterhalt, den ich nicht kommen sah. »Such dir 'n Mann und krieg 'n Kind.« Ich starrte immer noch auf die Auslage des Buchladens. Vor meinen Augen verschoben sich die TKKG-Buchstaben auf dem Buch, und aus Tarzan, Klößchen, Karl und Gaby wurden Traummann, Kind, Karriere und Gefühle.

Ich ging zurück ins Hotel, schnappte meine Sachen und fuhr mit dem Zug nach Hause. Schon während der Fahrt setzte ich mich vor meinen Laptop und starrte das weiße, digitale Blatt Papier an. Puhhh … da war es also. Oder besser, das sollte es nun werden: Das Beziehungskapitel für dieses Buch. Ich habe mich lange davor gedrückt, es zu schreiben. Ich wollte darüber reden, wer in der Beziehung die Hosen anhaben sollte, warum unabhängige Frauen trotz aller Unabhängigkeit Teil einer Partnerschaft sein möchten, und warum jemand, der sich immer alle Türen offenhält, sein Leben im Prinzip im Flur verbringt. Aber ich war im Kreativdelirium. Und das schon seit Wochen. Ich hatte eine Schreibblockade. Gehirn sagt »Nein«. Und ich verfiel immer wieder in ein Zwiegespräch mit mir, das nicht selten in einen Streit ausartete und mit der Frage endete: Bin ich als Frau nicht liebenswert, weil ich zu zielstrebig und ehrgeizig bin? Gehirn sagt »Weiß nicht«.

Sternstunden meiner Sexyness

Ein Delirium ist ein Zustand geistiger Verwirrung. Störung des Denkvermögens nicht ausgeschlossen. Den Zustand kenne ich nur zu gut. Er tritt immer dann ein, wenn ich überfordert bin.

Allerdings nur, wenn ich emotional überfordert bin. Wenn ich arbeitstechnisch unter Druck stehe, wird das Ergebnis richtig gut. Aber geht es um meine Gefühle und um mein Befinden, löscht mein Kopf augenblicklich jede sinnvolle Idee, und ich kann keinen klaren Gedanken mehr denken. Dann bin ich im Gefühlsdelirium. So etwas passiert mir bei Trennungen. Egal, ob ich mich trenne oder getrennt werde, innerlich sterbe ich meistens in diesem Moment. Mein Gehirn stellt dann auf Notfallbetreuung um, und in meinem Kopf blinkt nur noch ein grün-weißes Notausgangsschild, das auf eine Wand ohne Tür zeigt.

Ich weiß noch, dass das Notausgangsschild auch bei der Trennung von Lars sofort ansprang und wie verrückt zu blinken begann. Von der einen auf die andere ergebnisorientierte Sekunde machte sich eine angestrengte Leere in meinem Kopf breit, in welcher ich nach Argumenten wühlte und um Fassung rang. Beides ergebnislos. Die Trennung ließ die Neonröhre im Notausgangsschild dieses eine Mal sogar explodieren, und dann war es für ein paar Wochen ziemlich sehr dunkel.

Anna brachte zum ersten Mal Licht in die Sache. Ich fuhr zu ihr, um Abwechslung in mein Leben zu bringen, und quartierte mich in einem Bauernhof in Niedersachsen ein. Die ersten Tage verliefen allesamt gleich: Anna ging zur Arbeit, und ich setzte mich vor die Haustür und starrte an die nächste Hauswand. Wenn sie mittags vorbeikam, um nach mir zu sehen, saß ich immer noch da. Und abends, wenn sie Feierabend hatte, wärmte mein Hintern immer noch denselben Stuhl vor derselben Haustür. Allein die Fülle des Aschenbechers und der vollgeheulte Taschentuchberg machten von morgens bis abends eine Entwicklung durch. Zeit und Raum werden ja in der Regel für fünfzig Prozent der Beteiligten relativ, wenn eine Beziehung auseinandergeht. Ich steckte definitiv fest.

Am fünften Tag reichte es Anna, und sie zwang mich, ins Auto zu steigen.

»Wohin fahren wir?«, wollte ich wissen.

»Du gehst jetzt Esel streicheln. Die sind lieb und freuen sich, wenn jemand vorbeikommt.« Anna drehte den Zündschlüssel um und legte den Turbogang ein. Wer sich hier auf wen freute, war mir noch nicht ganz klar.

In meinen Zwanzigern war alles einfacher. Auch die Trennungen. Wenn als Mitdreißigerin eine Beziehung kaputtgeht, dann fallen damit oft genug zeitgleich auch Perspektiven und Ideen von Lebensentwürfen weg. Vielleicht war es das, was diesen Liebeskummer so schmerzhaft machte? Ich dachte, ich wäre bei TKKG angekommen. Dazu gehören aber immer zwei. Und ich war nicht zwei. Ich war allein mit meiner Idee vom schönen Leben.

Ich begann, während der Autofahrt nachzudenken, und rechnete mir die Wahrscheinlichkeit aus, in den nächsten Monaten einen Mann kennenzulernen, der noch auf dem Markt war, keine Beziehungsphobie hatte und der es bei einer Frau aushielt, die maximal emanzipiert ist und weiß, wo beim Akkuschrauber vorne und hinten ist. Ich gebe gerne zu, manchmal nicht damit hinter dem Berg zu halten, wenn ich etwas besser weiß oder glaube, es besser zu wissen. Ich will dabei keinesfalls anderen die Welt erklären, aber wenn ich Dinge besser weiß, einfach weil ich wirklich einen schlauen Einfall habe, dann will ich das auch sagen dürfen und keinen Mann bewundern, der das Problem nicht lösen kann, aber trotzdem als Held gefeiert werden möchte. Ich würde übrigens auch keine Frau bewundern, die das Problem nicht lösen kann. Ich rechnete in Gedanken meine kommenden Beziehungschancen aus: Pi mal Daumen kluges, smartes, selbstbewusstes Frauen-Know-how potenziert mit dem durchschnittlichen Männerego, das so etwas aushalten kann, minus alle Männer, die aktuell vergeben sind, macht 5 im Sinn und 3 gemerkt, … Das zum Quadrat, indem ich beschloss, alle Männer mit und ohne Haare zwischen fünfundzwanzig und fünfzig zu berücksichtigen … Ich rechnete und rechnete und kam zu dem Ergebnis, dass ich eher im Lotto gewinnen würde, als auf absehbare Zeit vom Singlemarkt weggefischt zu werden. Rosig ist anders.

»So! Da wären wir!«, riss mich Anna aus meinen Gedanken. Sie parkte das Auto, zahlte den Eintritt ins Eselparadies, kaufte noch Eselfutter und zog mich hinter sich her bis zur Eselstreichelstation. Da standen etwa fünfzehn graue Freunde mit großen Augen, die mich anschauten. Ich fing an zu heulen. Anna fing an, alle Esel der Reihe nach durchzustreicheln. Sie nahm meine Hand, streute Futter darauf und hielt sie dem ersten hin, der Bock auf gepresstes Trockenfutter hatte. Die Haut an seinem Maultiermaul (Oha! Ein schlechter Wortwitz, ich war also innerlich noch nicht ganz tot!) war ganz weich. Das brachte mich erneut zum Heulen. Wie kann eine Haut nur so weich sein?! Mit verzogenem Gesicht, ungekämmten Haaren und mit kaum klar definierbaren Worten, die mir halb im Halse stecken blieben, stellte ich diese »fundamentale« Frage in den Raum.

»Wie kann eine Haut nur so weich sein? Das ist doch … das ist doch … was hat sich die Natur nur dabei gedacht, oder nicht?«

Anna sah mich mitleidig an. Das war der absolute Tiefpunkt. Wenn du als erwachsene Frau realisierst, dass du in einem Eselgehege stehst, einen Esel anheulst, weil dich der letzte Esel vor ein paar Wochen verlassen hat: Endstation Eselwiese. Das Grau deiner Jogginghose hebt sich nicht vom Grau der Esel ab. Es gibt einfach Tage, da hilft dir selbst ein Doktortitel nicht weiter.

Eselstreicheln in Niedersachen, Sternstunden meiner Sexyness. Vierunddreißig Jahre weiblicher Liebreiz und Anmut gipfelten an diesem Tag in einer Fahrt ins Eselgehege. Schön ist anders. Aber was soll ich euch sagen, die Esel haben ein bisschen Liebe durchs Gehege fließen lassen. Gut, sie waren scharf auf mein Futter, aber ich kam für ein paar Minuten auf andere Gedanken. Und das ist doch der Trick beim Liebeskummer. Ein paar Minuten vom Gedankenkarussell wegzukommen. Und beim nächsten Mal merkt man, dass man sich gedanklich vielleicht ein Viertelstündchen mit etwas anderem beschäftigt hat. Und in ein paar Wochen ist es eine halbe Stunde, und eines Tages wachst du auf und stellst fest, dass du den ganzen letzten Tag keinen Gedanken mehr an die letzte Beziehung aufgebracht hast. Das ist sehr befreiend und beginnt eben mit dem ersten Schritt. Mein persönlicher erster Schritt war eine niedersächsische Eselherde.

Um mich aufzumuntern, hatte Anna für den Abend einen Überraschungsbesuch angekündigt. Ich sagte zu. Wo sollte ich auch hin? Zwei Stunden später bog ein roter Golf auf die Auffahrt. Hinten auf dem Kofferraum klebte ein Sticker, den ich nur zu gut kannte. »Akademikerin for Life!« stand darauf. Auto und Aufkleber gehörten Gloria. Eben jene Gloria, deren Christian nach einem zukunftsorientierten Männergespräch mit ihrem Vater die Koffer gepackt hatte. Freund sagt »Tschüss«.

Ich freute mich sehr, Gloria zu sehen, und wir setzten uns zu dritt vors Haus. Meine mitleidige Erscheinung kommentierte sie glücklicherweise nur ganz kurz, bevor sie ausholte, um mir frauensolidarisch Mut zu machen: »Ida, du weißt doch, andere Mütter, schöne Söhne und so weiter. Wir können mal froh sein, dass wir uns als Frauen haben. Was soll ich euch sagen, als Christian ging, habe ich von der einen auf die andere

Minute gar nichts mehr verstanden. Gestern noch acht Jahre Beziehung, und morgen darfst du dir einen Anstecker an die Bluse heften nach dem Motto: Bester Mensch, wo gibt, aber ich verlass dich trotzdem.«

Gloria kam in Fahrt, wir ließen sie reden. Ich hatte eh nichts zu sagen, und Anna war froh, dass Unterstützung angereist war.

»Ich sag's euch. Erst war ich traurig, als Christian weg war, jetzt bin ich wütend. Wer von euch hat nicht schon mal einen der folgenden Sätze gehört, die eigentlich zu schön sind, um wahr zu sein: ›Setz dich. Du weißt, du bist so ein toller Mensch. Etwas ganz Besonderes. Mit dir kann ich Dinge erleben, die mir keine andere geben kann.‹ So hat Christian das Gespräch damals angefangen. Der Mann weiß, was er an mir hat, habe ich noch mit Herzchen in den Augen gedacht. Nächste Ausfahrt Heiratsantrag!!«

Die beiden hatten seit Langem über Kinder und eine Hausfinanzierung gesprochen. Christian war freiberuflicher Filmemacher, Gloria hatte sich auf eine Juniorprofessur beworben. Sie war dreiunddreißig, er achtunddreißig Jahre alt. Es passte! Klar, hier und da gab es Knatsch, wenn das Geld bei ihm projektbedingt mal knapp wurde und sie dann mit ›schlauen‹ Tipps um die Ecke kam. Aber so what?! Das alles war vergessen in diesem Moment. Gloria schaute ihn erwartungsfroh an, dann kam der Tiefschlag.

»›Gloria, du hast etwas Besseres verdient als mich. Ich kann dir nicht das Wasser reichen. Ein anderer Mann kann dich viel glücklicher machen, als ich es je könnte. Ich gebe dich frei. Tschüssi. Mach's gut.‹ Erwartungsvoller Blick bei ihm, irgendwas zwischen Tinnitus und gedanklichem Grillenzirpen bei mir. ›Tschüssi‹ war der Quittungsbeleg für acht Jahre Beziehung. Ich konnte nicht einmal etwas sagen, da war nur Leere in meinem Kopf. Christian hat dann noch eine ganze Zeit lang geredet, aber die Worte, die seinen Mund verließen, gingen auf dem Weg an mein Ohr irgendwie verloren. Ich war wie vor den Kopf geschlagen. Er hat sich entschuldigt, dass er nicht der Mann für mich sein kann, den ich verdient hätte. Christian hat einfach ›Tschüssi‹ gesagt, dabei so traurig geguckt und in einem quälend langen Trennungsgespräch versucht, zu erklären, warum er nicht kann, er weiß doch auch nicht, wie soll er denn und überhaupt?! Ich hab ja schon viel erlebt, aber eine Trennung, die so unangenehm schwammig wie ein labbrig-feucht-warmer Händedruck ist, empfinde ich schon fast als eine Unverschämtheit sondergleichen. Soll man da selbst fester zugreifen oder lieber gleich ganz loslassen? Ich weiß es nicht. Jegliches Argument, das Christian vorgetragen hat, um mir die Trennung schmackhaft zu machen, war eigentlich kein Argument für mich, sondern eines für ihn. Ich hätte etwas Besseres verdient. Na Entschuldigung, das entscheide ja immer noch ich, was ich möchte und was ich denke, verdient zu haben. Es ging nicht darum, dass ER in dieser Beziehung nicht ausgereicht hat, es ging darum, dass ICH nicht gereicht habe. Das ist das, was er mir eigentlich sagen wollte. Verpackt in seichte Worte, die mir die Verantwortung an der Trennung übergeholfen haben. Er trennt sich, damit ich etwas Besseres bekomme. Das ist seine Realität. Meine Realität lautet: Du schmeißt mich gerade aus deinem Leben raus! ›Gloria, du bist nicht die Frau, die ich heiraten und mit der ich Kinder haben möchte.‹ Das wäre etwas Handfestes gewesen, das kam aber nicht. Er ist dann aufgestanden, hat seine gepackten Taschen aus dem Schlafzimmer geholt und hat die Tür von außen zugemacht. Ich saß immer noch im Wohnzimmer. Und starrte die Tür an, die offensichtlich keine Haustür, sondern ein Notausgang war. Christians Notausgang.«

Wir sahen uns betroffen an.

»Ich habe lange nach einem griffigen Ausdruck gesucht, um dieses Verhalten zu benennen«, fuhr Gloria fort. »Aber an diesen Männern ist nichts griffig. Nicht mal ihre Sammelbezeichnung: Der Ich-weiß-nicht-ich-kann-nicht-wie-soll-ich-denn-Mann. Alternativ könnten wir ihn auch den Tschüssi-Mann nennen. Die gucken dann immer noch so entschuldigend beim Schlussmachen. Mein starkes Ich sagt dann: ›Ja, komm, hau endlich ab. Tschüssi zurück. Grüß dein Rückgrat von mir. Vollpfosten.‹ Ich kann mich aber blöderweise an keine Situation erinnern, wo mein starkes Ich das mal bei passender Gelegenheit laut gesagt hätte. Das fällt ihm immer erst hinterher ein. So sechs Monate später. Wenn ich Sonntagabends beim Abendbrot bin. Nur meine Stulle und ich. Ja, da bin ich immer ganz wunderbar schlagfertig. Da verwickele ich mein belegtes Brot in virtuose Streitgespräche. Und ich bin dabei offensichtlich so schlagfertig, dass meine Stulle nicht mal Kontra gibt.«

Sie seufzt, und ich umarme sie. »›Ich kann dir nicht das Wasser reichen.‹ Das ist hart. Es stellt dich auf einen Sockel. Ein Sockel, der sagt, du hast was drauf und ich habe nicht so viel drauf. Das ist der Subtext. Ein Sockel, auf den dich jemand stellt, der Selbstzweifel hat. Ein Selbstzweifelsockel also? Komisches Wort«, kommentierte ich.

»Ja, aber versteh mich mal richtig. Ich habe mich nie für besser oder schlauer gehalten. Wahrscheinlich glaubt Christian, er sei an Erwartungen gescheitert. Das sind allerdings Erwartungen, die er sich selbst auferlegt hat. Es könnte also auch ein Erwartungssockel sein. Ich habe die Erwartungen nicht gehabt, von denen Christian dachte, sie erfüllen zu müssen«, sagte Gloria.

»Was für Erwartungen meinst du denn? Das Heiratsding?«, fragte Anna.

»Nee, mithalten zu können, darum ging es ihm, glaube ich. Vielleicht hat er gedacht, ich sehe ihn nicht als gleichwertig an, weil er sich von Projekt zu Projekt hangelt und ich die Professur bekommen habe. Ich finde, man muss das Problem gar nicht mal so hoch anbinden. Das kann einer Lehrerin und einem Maurer genauso passieren. Der eine empfindet den anderen vielleicht als zu groß, zu schlau, zu schnell, zu aktiv. Aber der Denkfehler dabei ist doch: Ich bin nur so groß in einer Beziehung, wie mein Partner mich macht. Und mich zu verlassen, weil er glaubt, mir nicht das Wasser reichen zu können, das hat den Ursprung in seinem Kopf und nicht in meinem Lebenslauf. Wenn die Liebe weggeht, ist das immer schlimm für mindestens einen von beiden. Aber wenn sie weggedrückt wird, weil vermeintlich beruflicher Erfolg einem von beiden das Gefühl gibt, nicht auszureichen, dann ist das mindestens genauso schlimm.«

»Was ist Erfolg eigentlich? Wann ist man erfolgreich?«, philosophierte Anna.

»Erfolg ist, eine Karriereleiter hochzuklettern. Sich mit eigenen Ideen durchzusetzen. Aber Erfolg ist auch, wenn ich meine Familie zusammenhalten kann. Erfolg ist, wenn ich Verantwortung übernehme, zu meinen Entscheidungen stehe und mit mir selbst im Reinen sein kann. Das ist dann persönlicher Erfolg. Viele Menschen arbeiten sich im Job ab, als wenn das alles wäre. Das letzte Hemd hat keine Taschen, in die ein Gehaltszettel passt. Mal ganz im Ernst, worum geht es im Leben? Doch wohl um innere Zufriedenheit. Jeder, der diesen Zustand erreicht hat, ist für mich ein erfolgreicher Superheld. Gleiches gilt auch für Frauen, die sind dann auch ein Superheld. Das bedeutet nämlich, dass ich vermeintlichen Erwartungen und Selbstzweifeln nicht mehr ausgesetzt bin. Männer denken immer, es reicht, wenn sie keinen umbringen und den Müll trennen. Dass das einen sozialkompatiblen Menschen aus ihnen macht. Aber das reicht nicht, man muss auch mit sich selbst klarkommen. Goethe hat einmal gesagt, man kann nicht immer ein Held sein, aber man kann immer ein Mann sein. Guter Mann, recht hat er! Amen, ihr Hasen.«

Liebeskummer gewinnt nur im ersten Moment

Wie viel Erfolg verträgt die Liebe? Gloria hatte Christian zwei Monate nach der Trennung zufällig auf der Straße getroffen. Da ging der fast vierzigjährige Mann Hand in Hand mit einer jungen Frau, die vielleicht Mitte zwanzig war. Für meinen Cousin Theo war die Situation glasklar: »Wenn du dir als Achtunddreißigjähriger eine gleichaltrige Frau suchst, die wenigstens ein bisschen reflektiert ist, dann drückt die unbewusst auf deinen seelischen Selbstzweifelwunden rum. Wenn du dir aber eine suchst, die erst vierundzwanzig ist, wird das nicht passieren, weil alles so aufregend und neu ist und weil man dieser Frau noch weismachen kann, was für ein ganzer Kerl man ist. Frauen mit Lebenserfahrung durchschauen das. Und wir haben unterbewusst Angst davor, von euch durchschaut und konfrontiert zu werden. Aber Christian wird auch mit ihr an den gleichen Punkt kommen, an dem er mit Gloria schon mal war. Weglaufen oder sich selbst erkennen, eine dritte Option gibt es nicht.«

Tja, was soll ich sagen, jetzt ist aus dem Beziehungs- ein Trennungskapitel geworden. So ist das eben mit den Plänen. Klappt nicht immer.

Liebeskummer sind die Momente, in denen dich Männer temporär in die Knie zwingen. Liebeskummer gewinnt im ersten Moment immer. Wichtig ist, dass wir da wieder rauskommen. Wichtig ist die Landung, nicht der Fall.

Mir kam bei meinem Liebeskummer-Dilemma der Zufall zu Hilfe. Während ich noch den Eseln in Norddeutschland kahle Stellen ins Fell streichelte, arbeiteten meine Freundinnen schon daran, der Sache einen neuen Dreh zu geben. Eine von ihnen gab mir einen Lesungstermin für mein Buch in ihrem Café. Wir verschönerten mich bis zur Unkenntlichkeit bei einem Fotoshooting. Dabei heraus kamen hundert semiattraktive Fotos. Und eines, auf dem ich aus vollem Herzen gelacht habe, weil sie einen blöden Witz machte. Dieses Foto nahm meine Freundin, bastelte ein Veranstaltungsplakat daraus und tapezierte damit die Stadt, in der Lars wohnte. Drei Monate nach der Trennung strahlte ich fröhlich von jeder Litfaßsäule. *True Story*. Er kann es nicht nicht gesehen haben. Mir kam das wie ein schlechter Witz vor. Ihm vielleicht auch. Aber das ist es, was es in solchen Momenten braucht. Freunde, die dich nötigenfalls mit Gewalt vom Tiefpunkt wegreißen. Und das so lange, bis du selbst aus eigenem Antrieb wieder lachen kannst. Manchmal spannt dir das Leben die Saiten neu auf, nachdem alle Fäden gerissen schienen. Manchmal begegnet man garstigen Gitarrenmännern in Berlin, die ihr eigenes vergeigtes Leben auf dich projizieren und außer Beschimpfungen nichts zu bieten haben. Ich muss gestehen, ich verstehe und erkenne Situationen nie in dem Moment, in dem sie geschehen und in denen ich mich mittendrin befinde. Es muss immer erst ein wenig Zeit vergehen, damit der Blick auf die Dinge für mich klarer wird. Der alternde Gitarrenmensch, sein Verhalten ist nicht zu entschuldigen, hat damals seinen Frust an mir abgeladen, weil ich in an jenem Morgen in Berlin als junge Frau vielleicht etwas verkörpert habe, das für ihn nicht mehr erreichbar ist und womöglich an etwas erinnert, was nicht mehr rückgängig gemacht werden kann. Eine verpasste Liebe vielleicht, eine verlassene Familie, eine falsche Entscheidung im Leben, die er vor Jahren getroffen hat? Möglichkeiten, die mir noch offenstehen. Ihm vielleicht nicht.

11. Frustrierte Tinder-Tanten

Es war so weit: Ich hatte mich bei Tinder angemeldet! Mal wieder. Das hier war mein fünfter Versuch. Oh Gott, eine erschreckende Bilanz. Die Tinder-Verantwortlichen sollten einen Rückkehrerrabatt für Wiederholungstäter einführen. Ich könnte das lachende Testimonial mit Echtheitsgarantie für den Rückkehrerrabatt auf den Werbeplakaten sein. Eine reale Frau, die ganz in echt zum fünften Mal dort angemeldet ist. Ich könnte ein fröhlich lachender Single wie bei Parship sein, mit einer Sprechblase am Mund: Alle zwei Jahre reaktiviert eine ergebnisorientierte Frau ihr Profil bei Tinder.

Wer von euch noch nicht in die Verlegenheit gekommen ist, sich bei Tinder umzusehen, dem sei das Prinzip schnell erklärt: Durch eine App wird dem Nutzer eine Auswahl wildfremder Menschen gezeigt. In meinem Fall bestand die Auswahl aus Männern, die sich in einem Radius von 150 Kilometern befanden und ebenfalls auf dieser Plattform angemeldet waren. Anhand einiger Fotos und ein paar Textzeilen kann man sich ein erstes Bild von den potenziellen Kandidaten machen. Gefällt einem, was man sieht, drückt man auf ein grünes Herz. Denkt man, da wäre noch Luft nach oben, drückt man auf ein rotes X.

Die Wahrscheinlichkeit, dass eine Frau kein Herz vergibt, liegt bei fünfundneunzig Prozent. Das habe ich von meinem eigenen Benutzerverhalten jetzt mal ganz schnell verallgemeinernd abgeleitet. Die restlichen fünf Prozent bekommen ein »Like«. Bei Männern funktioniert das ebenso. Nur umgekehrt. Was gefällt, wird gelikt. Und Männer liken fünfundneunzig Prozent der Frauenprofile beim Durchschauen. Um die Quote zu erhöhen, dass mal ein Match dabei ist. Die Gewinner der Matheolympiade unter uns werden blitzschnell bemerkt haben, dass wenn ich meine fünfprozentige Chance als Mann, von Frauen ausgewählt zu werden, nehme und diese mit meiner eigenen Pingeligkeit kombinieren würde – sagen wir, ich als Typ sortiere auch fünfundneunzig Prozent der Profile im Vorfeld aus, ja, dann kann ich den Laden als Mann eigentlich auch gleich wieder zumachen. Kurzum, eine fünfprozentige Chance von einer fünfprozentigen Chance ist zwar immer noch wahrscheinlicher als ein Lottogewinn, aber verdammt wenig, wenn man möglichst viele Frauen kennenlernen will. Aus diesem Grunde liken Männer fast alle Profile, die einigermaßen infrage kommen. Für alles andere gilt: Was nicht gefällt, kommt auf den digitalen Wertstoffhof und wird an anderer Stelle von jemand anderem recycelt. Wenn zwei Herzen aufeinandertreffen, dann ergibt das ein Match, und die beiden Love Birds können loschatten. Ach so, eins noch: Wenn ein Profil dabei ist, das einen von Anfang an so flasht, dass es LSD-Niveau hat, dann kann man auch ein *Superlike* vergeben. Dieses Interesse wird dem Gegenüber dann unverzüglich angezeigt, auch ohne dass man selbst ein »Gefällt mir« verteilt hat. Was hier so kompliziert klingt, wäre im echten Leben vergleichbar mit: Du sitzt an der Bar und wirst mit den Worten angesprochen: »Baby, du und ich, das ergibt ein schönes Einfamilienhaus!« Ungefähr so. Ein Superlike ist eher selten und ein Ego-Booster.

Eine meiner Freundinnen, die ihr Liebesglück innerhalb weniger Wochen per Dating-App fand, überzeugte mich davon, einen fünften Versuch zu starten.

»Beziehungstechnisch bist du abgemeldet, ein Grund mehr, dich bei Tinder anzumelden«, schrieb sie mir und fügte mich einer WhatsApp-Gruppe hinzu, die sinnigerweise »Frustrierte Tinder-Tanten« hieß. Ich sträubte mich. Und sträubte mich. Schlussendlich meldete ich mich doch erneut an. Und kam mir wie ein Tinder-Oldie vor. Die App bot an, mich für einen ersten Überblick durch das Programm zu führen. Nein, danke. Ich kenne mich hier aus. Leider.

Ich suchte ein paar Fotos heraus, die mich ganz manierlich aussehen ließen. Nicht zu offenherzig, nicht zu spießig, zwei, drei Portraitfotos mit dezenter Schminke, ein bisschen lächeln, ein Ganzkörperfoto ... äh, Moment, nein, lieber doch nicht ... Portraitfotos müssen reichen. Zu diesem Zeitpunkt wusste ich ja noch nicht, was die Konkurrenz aktuell an Bildern so auffährt. Ich kannte nur den Stand von vor zwei Jahren. Um keine Zeit zu verschwenden und das Angebot möglichst effizient auf Matches zu durchsuchen, dachte ich mir, dass ein humoriger Spruch im Profiltext das Eis sicherlich brechen und außerdem zeigen würde, wer auf meiner Humorwellenlänge lag. Beim ersten Durchsehen der Profile fiel mir auf, dass viele Männer sich mit kleinen Hunden zeigten. Ich spreche dabei nicht von Welpen, sondern von Hunden, die wahlweise die *Jacob Sisters* oder Socialites wie Paris Hilton in der Handtasche spazieren tragen: neunzig Kilo Mann mit siebenhundertfünfzig Gramm Hund auf dem Arm. Mir kam das komisch vor, und ich schrieb als Aufmacher in meinen Text: »Männer mit kleinen Hunden auf den Fotos: Was wollt ihr mir damit eigentlich sagen?!« Was für ein spitzenmäßiger lockerer Spruch, um sofort ins Gespräch zu kommen! Ich lehnte mich zufrieden zurück und wartete auf die eingehenden Likes. Wartete ... wartete ... und bemerkte irgendwann, dass mein flotter Eisbrecher gar nicht mal so gut bei den Männern ankam. Kein Mann segelte auf mei-

146

ner Humorwellenlänge. Im Gegenteil, mein Profil schien stark Schlagseite zu haben. Was lief falsch? Vermutlich dachten die Jungs, ich hätte etwas gegen kleine Hunde. Dass der Subtext meiner Ansage so unfreundlich gemeint war, wie man es auf den zweiten Blick durchaus interpretieren konnte, war mir klar. Das lag daran, dass ich nur mit Widerwillen erneut ins Tinder-Universum eingestiegen war. Ich wollte eigentlich niemanden kennenlernen. Egal, wie groß der Hund und wie lang die Leine war. Meine Freundinnen sahen das aber anders. Ich musste ran.

Und ich hatte die Wahl: Entweder machte ich mich schnellstmöglich zur Karteileiche und würde einsam als Katzenfrau in meiner Singlewohnung sterben, oder ich änderte meine Strategie. Ich entschied mich in Anbetracht der Katzenoption für Letzteres und pimpte mein Profil. Als Erstes kamen die Fotos an die Reihe. Ich betrachtete meine Portraitvarianten kritisch und tauschte sie unter anderem gegen Ganzkörperfotos aus. Die machten zwar mein Profil nicht zwingend attraktiver, aber ehrlicher. Ida beim Spazierengehen. Ida beim Lachen. Ida im Freizeitoutfit vor der Dorfkirche. Damit wollte ich dieses Mal auf optische Weise im Subtext kommunizieren: Das ist Ida von nebenan. Lässig, freundlich, will ich kennenlernen. Da wusste ich immer noch nicht, womit die anderen Damenprofile zeitgleich optisch aufwarteten.

Eine alte Frauenweisheit sagt: »Männer brauchen klare Ansagen!« Gemäß dieser universalen Erkenntnis begann ich, meinen Profiltext umzuformulieren. Der Hund flog raus, und in Anbetracht meiner Ganzkörperfotos schrieb ich: »Du musst nicht aussehen wie Brad Pitt. Ich sehe ja auch nicht aus wie Brad Pitt. Ich suche einen Mann, der sein Essen mit mir teilt, wenn ich mir im Restaurant mal wieder garantiert das Falsche bestellt habe.« Fertig. Ich lehnte mich erneut zurück und wartete.

Was dann passierte, übertraf meine entferntesten Vorstellungen. Die Superlikes kamen rein wie geschnitten Brot. Mein Profil hatte Fans. Ich durchforstete das üppige Angebot und fand dabei mehrere erstaunliche Regelmäßigkeiten heraus: Die Männer, die auf dem ersten Foto eine Mütze aufhaben, haben auf dem zweiten Bild meistens keine Haare auf dem Kopf. Männer mit einem Attraktivitäts- und Grammatiklevel, das – absolut objektiv betrachtet – unterirdisch war, führten sich auf, als wären sie der King im Ring. So inflationär wie Frauen das richtige Licht und die richtige Kameraperspektive (leicht schräg von oben macht das Gesicht schmaler!) beim Schießen von Selfies benutzen, so wenig schienen sich Männer dafür zu interessieren. Ich sah unscharfe Fotos. Gequältes Lachen. Fotos, die mit schmutziger Linse aufgenommen worden waren. Freie Männeroberkörper, Männer im Schlüpfer, Männergesichter mit Doppelkinn und von unten fotografiert. Die Blicke auf den Selfies sagten der Reihe nach: »Hat der Auslöser schon ausgelöst? Das muss doch hier irgendwie ... ah ... Mist, zu spät!« Wahlweise mit Bier in der Hand. Oder mit Hund. Oder mit einer Hantelstange im Anschlag. *Männer, bitte!* Gibt es nicht eine einzige Frau in eurem Umfeld, die ein ordentliches Foto von euch machen könnte?!

Ich strich die Profile einige Tage nach links und rechts und schaute mir jeden Vorschlag an. Tinder mischte mein Angebot auch mit solchen Männer-Alternativen, die mir nicht direkt ein Einfamilienhaus antragen wollten bzw. überhaupt kein Interesse an mir hatten. So ist das Spiel. Ich war gerade dabei, meine täglichen fünfundneunzig Prozent zu recyceln, als mir ein Profilfoto ins Auge fiel. Der Typ war hervorragend in Szene gesetzt. Er saß locker auf einer Holzbalustrade. Neben ihm Dünen, hinter ihm das Meer. Gutes Outfit. Er lächelte. Tolles Foto, endlich mal eins, das nicht so ist wie alle anderen, dachte ich noch anerkennend, bevor mich auf der Stelle der Schlag traf: Natürlich war das Foto gut! Weil es eine Frau gemacht hat. Weil ich es gemacht hatte!! Im letzten gemeinsamen Sommerurlaub!!! Das Bild zeigte Lars. Ich weiß noch ganz genau, warum ich dieses Foto schoss. Weil er sonst nur Selfies hatte, bei denen entweder die Linse beschmiert war oder er sich mit Doppelkinn fotografiert hatte. Ich wollte ein ordentliches, ein schönes Foto von ihm. Eins, auf dem man erkannte, wie großartig mein Freund aussah. Unser Urlaubsfoto war nun plötzlich auf Tinder und sollte andere Frauen anlocken. Danke für nichts. Ich war entsetzt und enttäuscht. Und stellte zeitgleich fest, dass ich ihn anhand seiner restlichen Fotos, die er in bewährter Männerselfiequalität gemacht hatte, nicht gematcht hätte. Sie gefielen mir nicht.

Mein Ex-Freund war bei Tinder. Es gibt Dinge, die man einfach nicht wissen will. Ihr wisst, dass eure Eltern sich liebhaben. Mehr wollt ihr gar nicht wissen. Ich wusste, dass Lars nicht mehr mein Freund sein wollte, alles darüber hinaus war ein Überfluss an Informationen, den ich nicht brauchte. Mir blieb das Herz stehen, und ich suchte nach dem Loch im Boden meines Wohnzimmers, um darin verschwinden zu können. Aber kein Loch tat sich auf, stattdessen lächelte mich Lars weiterhin auf Bild Nummer eins aus der App heraus an. Ich warf mein Telefon wütend ans andere Ende der Couch, ohne eine Entscheidung über Herz und X gefällt zu haben. Scheiße, dachte ich, als ich mein schwarzes Handydisplay kurz darauf anstarrte, wenn ich die App jetzt wieder aufmache, ist er immer noch da und lacht mich ganz oben auf dem digitalen Profilstapel an, weil ich ihn nicht recycelt habe. Ich beschloss, das Problem auszusitzen oder wenigstens zu vertagen, und öffnete die App drei Wochen lang nicht. Nur so zur Sicherheit. Problem kurzzeitig gelöst. Ich schlich in diesen Tagen um die App herum, wie um einen Elektroschocker, von dem man weiß, dass er aktiv ist und wahllos Stromstöße verteilt. Um ihn aber zu bezwingen, muss man ihn anfassen und ausschalten. Was zur Hölle suchte Lars bei Tinder? Andererseits, ich war auch da. Aber ich wollte nur mal gucken. Nicht anfassen. Nur gucken.

Mutig öffnete ich die App und sah meinem Ex-Urlaubsfoto ins Auge. Im Prinzip hätte ich auch gleich mit nassen Fingern in die Steckdose fassen können. Der Effekt wäre der gleiche gewesen. Schön war es jedenfalls nicht. Ich ging schweren Herzens zum Vernunftrecycling über. Weg war er.

Ich saß desillusioniert vor meinem Profil. Nie und nimmer würde ich hier einen geeigneten Mann herausfiltern können, wenn selbst Beziehungsphobiker sich verdächtig unverdächtig auf dieser Dating-App anpriesen. Ich dachte darüber nach, meinen Account zum fünften Mal zu löschen. Aber einerseits waren unter den ganzen mittelmäßigen Hundefotos auch ein paar Augenweiden, und anderseits kostete mich die App kein Geld. Also blieb ich und betrieb das Ganze auf Sparflamme weiter. Die Interessensbekundungen an meinem Profil gingen nach wie vor ein, und ich kam in die Verlegenheit, ein Gespräch mit dem ein oder anderen zu beginnen.

Da wäre zum Beispiel Stefan, zweiundvierzig. Mit dem Ingenieur aus Niedersachsen war ich gut und entspannt via Chat in Kontakt. Wir lagen auf einer Wellenlänge. Das dachte ich jedenfalls. Nach ein paar Tagen seichten Rumgeplänkels fragte er nach meinen Plänen fürs Wochenende. »Ich gehe auf den Golfplatz, meine Eltern haben mir einen Platzreifekurs zum Geburtstag geschenkt. Das wollte ich schon immer mal machen!«, tippte ich in mein Handy. Stefan schrieb nicht zurück. Auch am nächsten Tag nicht. Zwei Tage später fragte ich, ob alles in Ordnung sei.

»Du bist mir zu teuer. Golf ist Schickeriamist!«, kam als

Antwort. Wie bitte?! In Schottland ist Golfen Mainstream! Er löschte die Unterhaltung, und ich war irritiert. Wenn ein schnöder Sportanfängerkurs einen gestandenen Akademiker vertreiben konnte, womit musste ich dann zukünftig hinterm Berg halten, um hier niemanden zu vertreiben?! Ich beschloss, dass ich den erfolgreichen Abschluss des Kindergartens und eine Eins im Vorlesewettbewerb in der Grundschule sowie meine bestandene Platzreife im schottischen Volkssport auch zukünftig nicht verheimlichen wollte. Es musste doch Interessenten geben, die das nicht gleich aus der Bahn warf.

Als Nächstes matchte es mit Antonio, fünfunddreißig. Ich schwöre, er hieß Antonio und sein Angebot klang nach italienischem Klischee. Er hatte ein nettes Profil angelegt, unaufgeregtes Understatement, kein Schlüpferfoto, sechs von zehn Punkten auf der Attraktivitätsskala. Er war einer der Männer, von denen man sagt »Vom Aussehen her so weit okay, der müsste mich halt mit seinem Charakter überzeugen.« Antonio fragte mich nach meinem Befinden, ich antworte mit einer allgemeinen Floskel und meiner Meinung zur aktuellen Wetterlage. Was ich hier suche, wollte er wissen. »Ich bin auf der Suche nach netten Leuten, grundsätzlich aber mit eher festen Absichten«, schrieb ich zurück. Die Antwort kam prompt: »Ich denke, wir suchen nicht dasselbe, aber hier trotzdem mein Angebot: Ich bin ein geiler Mann. Wir könnten uns heute Abend gegen 21 Uhr bei dir treffen. Pizza, und dann mal sehen. Meine Frau hat Nachtschicht.« Ich starrte ungläubig auf den Chat. Maxi kommentierte diesen später mit den Worten: »Das ist wirklich dreist. Da ist doch nichts an Information durchs Kleinhirn geflossen bei dem. Brainloading: Error!« Dieses Mal war ich es, die die Unterhaltung löschte.

Mir fiel beim Durchsehen der Profile auf, dass viele Männer hier nach eigenen Angaben in einer offenen Beziehung lebten und ihre Frauen – laut Männeraussage – damit ausdrücklich einverstanden waren. Na, schau mal einer an, wer hätte gedacht, dass das Freie-Liebe-Konzept so derart auf dem Vormarsch ist. Mal abgesehen von den Männern, die offensichtlich mit dem Einverständnis der Ehefrau oder Freundin hier unterwegs waren, gab es solche, die sich hier die Zeit vertrieben, weil sie gerade »Stress mit der Frau« hatten und mal schauen wollten, »was hier bei Tinder so geht«. Das waren die Typen ohne offiziellen Darf-Schein.

Am absurdesten waren die Profile, die Fotos zeigten, auf denen wahlweise nur Oberkörper, Landschaften oder Handschellen zu sehen waren. Im Text standen pseudo-geheimnisvolle Botschaften wie »Ich bin ein Mann, der im Leben steht und dich verführen wird. Ich kann mein Gesicht aus beruflichen Gründen nicht zeigen. Bei Sympathie gibt's ein Foto von mir.« Was ist hier das Problem? Bist du Busfahrer, Tagesschausprecher oder Thomas Gottschalk, oder was? Manche Männer taten so, als würden sie unerkannt durch einen Swingerklub kommen wollen. Sie waren da und wollten den Spaß, aber am besten unerkannt bleiben. Mir fallen wenig bis keine Berufe ein, in denen es peinlich wäre, zuzugeben, dass man Single ist und mit einem netten Profil einen Partner sucht. Tinder ist in erster Linie offiziell immer noch eine Dating- und keine Sex-App. Und selbst wer nach Sex sucht, sollte Mut zum Gesicht beweisen. An dieser Stelle eine mehrheitsfähige Frauenmeinung: Ich würde die Tinder-Katze nicht im Sack kaufen. Dass sich der geheimnisvolle Unbekannte später als charmanter, sexy Zwei-Meter-Hüne mit attraktivem Gesicht entpuppt, ist wohl eher gering.

Wie dem auch sei, der Großteil der Benutzer, die nicht inkognito unterwegs sind, nehmen das virtuelle Treffen mit eigenen Freunden und Bekannten auf der Plattform sportlich. Man saß ja irgendwie im selben digitalen Boot. Für gewöhnlich likte ich jedes bekannte Gesicht und tauschte mich mit jedem kurz zum aktuellen Erfolgsstand aus. Mein Burn-out-Yogalehrer-Freund Eric aus Magdeburg tinderte im Übrigen auch. Als sich keine konkreten Erfolge bei mir einstellen wollten, beschloss ich, Eric anzurufen und nach Rat zu fragen.

»Wieso klappt das bei dir nicht? Und wieso bist du bei Tinder? Ist deine Anforderungsliste so lang, dass die dich bei Parship abgelehnt haben? Du bist doch die Elite, wo bleibt dein Partner?«, neckte mich Eric durchs Telefon.

»Prüfe deine Worte, Baby. Du rüttelst gerade mächtig am Watschenbaum«, gab ich mahnend zurück. Wir lachten, die Stimmung war entspannt, und ich fragte ihn nach seinen letzten Erfolgen bezüglich einer neuen Freundin.

»Ich habe aktuell gar keine Lust, mich auf Tinder zu pummeln, äh, Verzeihung, zu tummeln. Die Mädels dort haben mehr Feenstaub im Gesicht als Peter Pans Tinkerbell in ihren besten Jahren. Und dann diese bescheuerten Filter mit den Hundeohren. Dazu kommt noch, dass sich viele von denen irgendwie zwanzig Kilo wegfotografieren. Zwanzig Kilo, stell dir das mal vor! Man sieht das doch eh im richtigen Leben, wenn man sich dann mal trifft.«

Ich musste unwillkürlich an die Männer mit den Handschellen- und Landschaftsbildern und an die mit den gaaaaanz großen Hunden denken. Was war eigentlich noch echt?

»Ich komme mit der App nicht zu Rande. Kritisch betrachtet, hat mich nicht mal das Profil von Lars überzeugt. Ich hätte ihn unbekannterweise vermutlich nicht gelikt und damit die Chance auf eine Liebe weggewischt. Wie viele potenzielle Ehen habe ich hier wohl schon in den Wind geschossen, indem ich auf das X gedrückt habe?«, fragte ich mich.

»Nee, so darfst du gar nicht denken. Die Frage ist doch:

Wie vielen potenziellen Kanonenkugeln bist du schon ausgewichen? Wie viele schlechte Beziehungen hast du durch das X schon erfolgreich umschifft? Das ist doch auch ein Erfolg. Ich habe mich letztens mit einer getroffen, die ich auf so einer Plattform kennengelernt habe. Die hat mir ihren konkreten Zwanzig-Jahres-Plan, was sie mit mir vorhat und wie sie alles managen will, noch vor dem Hauptgang vorgestellt. Diese Art von MÄNNERgement finde ich gruselig«, schüttelte sich Eric.

Um es abschließend zu sagen, Tinder ist nicht mein Format. War es auch die letzten vier Male nicht. Das hat nichts mit Intelligenz oder Selbstbewusstsein zu tun. Das ist eine Einstellungssache. Ich persönlich kann nicht per Foto und anhand einiger mehr oder weniger inspirierter Textzeilen entscheiden, ob ich einen Mann interessant finde oder nicht. Manchmal erwische ich mich dabei, wie ich mir die Profilvorschläge nur anschaue, um mir Männer anzugucken. Und manchmal fällt mir erst nach Minuten auf, dass ich alle Profile in Folge mit einem X versehe, ohne sie eingehender anzusehen.

In der ersten Klasse zu sitzen heißt nicht, dass man ein erstklassiger Mensch ist. Das stand in einem der Profile. Wahrscheinlich hat der Typ diese Weisheit von einem Kühlschrankmagneten abgeschrieben. Aber ich fand ihn großartig. Den Spruch. Nicht den Typen. Der Satz ist das Einzige, was vom aktuellen Tinder-Versuch hängen geblieben ist. Ich habe meinen Account zum fünften Mal gelöscht. Und unsere frustrierte WhatsApp-Gruppe haben wir umbenannt. In »Silvester ohne Stallone. Männerfrei und Spaß dabei« planen wir jetzt sicherheitshalber schon langfristig den nächsten Jahreswechsel, und ich hoffe da auf ein gigantisches Feuerwerk, denn Tinder hat bei mir nicht richtig gezündet.

12. Leiten Sie das Team? Nee, ich putz hier nur

Fleiß kommt vor Talent. Erfolg ist auf jeden Fall kein Selbstläufer. Du musst deinen Hintern schon von der Couch hochbewegen, um beruflich erfolgreich zu sein. Manchen gelingt das besser, anderen weniger gut. Männer machen Karriere. Frauen machen Karriere. Aber niemand wird abstreiten können, dass der Weg an die Spitze für MANNche eine frisch sanierte Autobahn und für die anderen eine Kopfsteinpflasterstraße ist, wenn es in Richtung Karriere gehen soll. Fiese Schlaglöcher nicht ausgeschlossen.

Mit Beginn des Studiums, und selbst am Ende dessen, war mir noch nicht klar, wie unterschiedlich Männer und Frauen im Berufsleben mitunter wahrgenommen werden. Was passiert, wenn man auf so etwas nicht vorbereitet ist? Was ihr macht, weiß ich nicht. Ich habe mich auf jeden Fall freudestrahlend in einen ungefederten, alten Kleinwagen gesetzt, auf dem holperigen Weg Richtung Karriereziel. Sinnbildlich gesprochen. Beulen und Schrammen habe ich mir geholt, habe an ein paar Stoppschildern angehalten, andere habe ich einfach mutwillig übersehen. Manchmal wurde es eng, manchmal laut. Warnhinweise habe ich ignoriert und Überholmanöver gestartet, die ich am Ende abbrechen musste. Aber eins habe ich nie gemacht, und das war aufgeben.

Nach dem Abitur war ich, wie so viele, orientierungslos.

Studierte zum Leidwesen meiner Eltern dies und das. Und dann wieder dies. Und dann wieder das. Und dann am Ende – ich habe die Nerven meiner Eltern vermutlich arg strapaziert – Kunstgeschichte. Als ich zu Hause fröhlich verkündete, dass ich mein Jurastudium an den Nagel hängen würde, weil Recht und Gerechtigkeit für mich nicht das Gleiche sind, und mich nunmehr auf Bildanalyse verlegen wollte, sah man mich in Familienkreisen gedanklich schon auf dem Amt, einen Hartz-IV-Antrag nach dem Studium ausfüllend. Als ich dann kurze Zeit später noch BWL im Zweitfach gegen Germanistik tauschte, hatte ich das »Hausfrauenstudium« perfekt und meine Eltern fassungslos gemacht. Ich aber war von meinem Vorhaben überzeugt. Kate Middleton hat im Übrigen immerhin auch vier Jahre Kunstgeschichte studiert und wird damit die übernächste Königin von Großbritannien. Eine Karriere ist mit diesem Studium also nicht grundsätzlich ausgeschlossen. Meine Eltern hat das damals allerdings nicht überzeugt.

Dass ich Kunstgeschichte und Germanistik studiert habe, erzähle ich, wenn Männer mich fragen, was ich beruflich so mache. Das stimmt ja auch. Was ich eher selten erzähle, ist, dass ich drei Jahre davon im Ausland verbrachte, das ganze Germanistikstudium in zwei Semestern absolviert habe, fließend dreisprachig bin, einen Doktortitel, mein eigenes Unternehmen gegründet und ein Buch geschrieben habe. Na?! Interesse an einem Date mit mir? Oder besser noch: Wollen wir Kollegen sein und uns den Platz auf der Karriereleiter teilen? Nein? Weil du denkst, ich wäre ein Überflieger, du hättest eh keine Chance und niemand würde versuchen, mich in die Schranken zu weisen? Schön wär's. Denn vor den weiblichen Erfolg hat der liebe Gott einen Mann gesetzt.

Von wegen, Ida!

Damals bin ich zum Studieren nach Paris gegangen, weil ich
Spaß daran hatte und neugierig war. Da ich mit Betriebswirt-
schaft aber über die »Finanzierung & Investitionsklausur« nicht
hinauskam, wechselte ich noch schnell mein zweites Studien-
fach und wurde Germanistikstudentin. (Ironie des Schicksals:
Ich habe Jahre später ein Buch über alternative Investitionsklas-
sen in einem Wirtschaftsverlag publiziert.) Das Problem an der
Sache damals war allerdings: Ich hatte die vorläufige Zulassung
für ein Masterstudium in Kunstgeschichte an der Sorbonne in
der Tasche. Aber nur noch ein Jahr Zeit, einen vollwertigen Ba-
chelorabschluss vorzulegen. BWL musste weg und ein Studi-
engang her, von dem ich mir zutraute, ihn in zwei Semestern
durchzurocken. In Deutsch war ich gut, konnte mich manierlich ausdrücken, und die Wartelisten für die Seminare waren
nicht zu lang. Gebongt! Der erste Mann, der mir dann seine
Meinung in Bezug auf meine Fähigkeiten von Berufswegen
her kundgetan hat, war ein Dozent im Germanistikseminar.
Der drückte mir bei der Bewertung einer Hausarbeit zum Ge-
schwistermotiv in der Literatur den Stempel »sprachlich limitiert« auf. Ich war irritiert, aber damit konnte ich leben. Und
vielleicht hatte er mit seinem Urteil nicht ganz unrecht, aber
ich hatte immerhin innerhalb von zwölf Monaten viel vor:
Univeranstaltungen besuchen, drei Hände voll Prüfungen ab-
solvieren, eine Bachelorarbeit schreiben und in zwei parallelen
Nebenjobs genug Geld für die erste Zeit in Paris verdienen.
Es musste alles schnell gehen. Zu viele Hürden auf dem Weg
die akademische Karriereleiter hinauf? Von wegen, Ida! Das
schaffst du! Der Stempel: geschenkt!

Später begann ich zu promovieren, weil ich wusste, dass ich
mit einem Abschluss in Kunstgeschichte und Germanistik ver-

mutlich nicht weit kommen würde. Und außer, dass sich mein Verhältnis zu »Du-bist-zwar-ein-ganz-kluges-Mädchen-aber-für-den-Alltag-leider-eigentlich-ein-bisschen-zu-dumm«-Tom intensivierte, passierte männermeinungstechnisch erst mal nichts.

Ich beendete die Doktorarbeit und ging einige Jahre arbeiten. Später gründete ich mein Unternehmen und schrieb ein besagtes Buch zum Thema Kunst und Geld. Die Rezensionen zum Buch ließen nicht lange auf sich warten, und unter ihnen war auch ein Artikel im *Handelsblatt*. Einmal in Deutschlands wichtigster Wirtschaftszeitung ausführlich rezensiert werden: Mehr kann man sich als BWL-Abbrecher doch gar nicht wünschen. Das Buch kam bei den Lesern gut an: »Erfrischender Schreibstil«, »viele Fachinfos einfach für Laien erklärt«. Der Journalist vom *Handelsblatt* sah das anders. Er urteilte: »Das Störendste an der Lektüre ist der Hang der Autorin zur permanenten Selbstdarstellung.« Ein paar Tage darauf wurde das Buch von einer jungen Social-Media-Buchinfluencerin besprochen. Sie schrieb, ich wäre »übertrieben gebildet«. Ab wann ist man übertrieben gebildet? Vielleicht bin ich übertrieben ehrgeizig. Aber eine Frau kann niemals übertrieben gebildet sein. Bildung kann niemals zu viel sein. Bei keinem Menschen. Ich habe nie ein Internat, eine Privatschule oder eine private Universität besucht, aber ich habe mitgenommen, was das öffentliche Bildungssystem im In- und Ausland hergab, und darf heute Universitätslehraufträge durchführen und gebe so mein Wissen und meine Netzwerkkontakte mit großer Freude an die Generation nach mir weiter. Bildung ist wie Liebe. Sie sollte in guter Qualität und in ausreichendem Maße vorhanden sein, um ein festes Fundament für unser Leben zu bilden. Oder anders gesagt, man braucht von beidem viel, damit es fetzt. Permanente Selbstdarstellung hin oder her, gute Schul- und Ausbildungsabschlüsse sowie ein beruflicher Weg sind für die Unabhängigkeit von Frauen enorm wichtig. Punkt.

Mit so viel externer Meinung im Gepäck dachte ich, es wäre eine gute Idee, Wikipedia dazu zu bewegen, über einen kleinen Artikeleintrag nachzudenken. Nicht, weil ich dachte, mir stünde einer zu, sondern, weil ich dieses selbstaktive Vorgehen bei Männern beobachtet und überlegt hatte, lieber schreibe ich selbst den Text über mich als jemand anderes. Die Rückmeldung kam prompt: »Sie sind lexikalisch nicht von Relevanz.« Zugegeben, es passiert auch Männern, dass Artikelvorschläge nicht angenommen werden. Aber die Diskussionen, die im Hintergrund bei Wikipedia durch die Moderatoren ablaufen, sind öffentlich einsehbar und durchaus unterschiedlich. Einer meiner Bekannten hat eine vergleichbare Ausbildung wie ich genossen, promoviert, ein Unternehmen gegründet und ein Buch geschrieben. Das Moderatorenfazit in Bezug auf seinen beantragten Wikipedia-Eintrag fiel wie folgt aus: »Er trifft die Kriterien von Wikipedia zwar noch nicht ganz, aber er ist auf einem guten Weg. Man sieht ja heute schon, dass er mal Karriere machen wird. Den Artikel können wir eigentlich schon gleich so stehen lassen, der kommt eh in nächster Zukunft.« Wie bitte?! *In your face.* Oder besser gesagt: in mein face. Immerhin gab es ein paar Verantwortliche, die sich im Laufe der digitalen Diskussion gegen das vorzeitige Erscheinen ausgesprochen haben, und sein Artikel wurde, ebenso wie meiner, gelöscht. Was blieb, war ein Geschmäckle, denn hier wurden gleiche Lebensläufe unterschiedlich bewertet.

Als sich zu Beginn meiner unternehmerischen Umtriebigkeit ein unschlagbares Jobangebot auftat, bewarb ich mich. Um optimal vorbereitet zu sein, kontaktierte ich einen alten

Weggefährten. Dieser Mann war in diesem Berufsgebiet langjährig unterwegs und entsprechend sehr erfahren. Unser Verhältnis war immer schon ambivalent, heißt im Klartext: Wir waren selten einer Meinung. Aber ich schätzte seine Meinung und dachte, er täte das Gleiche. Ich erhoffte mir ein paar Tipps für das erste Gespräch, und unsere Meinungsverschiedenheiten hielten mich nicht davon ab, ihn anzurufen. Er hätte so etwas sagen können wie: »Schön, dass Sie es so weit gebracht haben. Ich würde an Ihrer Stelle hier und da noch mal nachlesen und dieses und jenes im Gespräch anbringen.« Stattdessen sagte er Folgendes: »Frau von Wegen, ich gebe Ihnen einen guten Rat. Hören Sie auf, überall und permanent zu behaupten, Sie seien die Beste und könnten alles am besten.« Ich war auf der Suche nach einem Ratschlag. Diesen allerdings hatte ich nicht kommen sehen. Ich war baff. Auch weil mir nie in den Sinn kommen würde, jemand anderen so derart zu reglementieren, wenn er um Hilfe bat.

Mit Freundlichkeit töten

Es gehört zu meinem Berufsalltag, Kunstwerke oder ganze Sammlungen preislich zu bewerten. Ich wurde für einen Auftrag gebeten, eine Londoner Sammlung zu begutachten, und ließ mir die entsprechenden Unterlagen vorab zur Durchsicht schicken. Sehr schnell kam ich zu dem Ergebnis, dass die Sammlung für einen Ankauf durch meinen Kunden aus verschiedensten Gründen nicht infrage kam. Das ging bereits aus den Dokumenten hervor. Ich traf mich mit meinem Auftraggeber. Auch die Vorstände einer Bank, die den Kauf finanzieren sollten, waren zur Lagebesprechung geladen. Wir saßen an einem großen Tisch, und ich riet vom Ankauf ab und begründete diese aus fachlicher Sicht umfassend. Der Kunde nickte zufrieden. Die Herren vom Vorstand hingegen schienen *not amused* zu sein. Es ging um sehr viel Geld und demnach auch um viele Zinsen und womöglich eine Provisionszahlung für die Banker, falls der Deal zustande kam. Meinem Kunden verpflichtet, gab ich den Rat, den Ankauf ad acta zu legen. »Das ist doch nicht ihr Ernst!«, rief einer der Vorstände und sprach dabei über mich in der dritten Person. Wohlgemerkt, ich saß mit am Tisch. »Da kann die Kunstprinzessin doch wohl mal nach London fliegen, um sich die Bilder vor Ort anzuschauen! Vielleicht ändert sie ja dann ihre Meinung.« Nein, ändert sie nicht. Um es in Männersprache zu verdeutlichen: Der Kunde hätte gern einen Ferrari gekauft, ihm wurde aber ein Trabbi für den Wert eines Ferraris angeboten. Ich war derart perplex, dass ich erst mal gar nichts mehr gesagt habe. Vermutlich sprachliche Limitiertheit. Muss ich offensichtlich dran arbeiten. Ich erinnerte mich an ein altes japanisches Sprichwort, das sagt: mit Freundlichkeit töten. Ich lächelte freundlich, blieb bei meiner Meinung und tötete die in Aussicht stehende Provisionszahlung der Banker, denn der Deal kam nicht zustande.

Das bin ich also: beruflich gesehen eine Kunstprinzessin, sprachlich limitiert, lexikalisch nicht von Relevanz, übertrieben gebildet, mit Hang zur Selbstdarstellung. Und auf der anderen Seite gibt es einen Ex-Freund, der mich im Alltag nicht für lebensfähig hielt, und einen anderen, der mich zu ergebnisorientiert fand. Was tun? Ratlosigkeit. In meinem Grundschulzeugnis steht: »Ida ist eine ruhige Schülerin. Sie hat sich mühelos in die Gemeinschaft eingewöhnt. Erwachsenen und ihren Mitschülern gegenüber ist sie stets freundlich. Ihre Beiträge zeigen klares Denkvermögen, bereichern den Unterricht und sind sprachlich sehr gut formuliert.« Meine Zeit in der ersten bis zur vierten Klasse, eine einzige Lüge?! Bevor ich meine Grundschullehrerin anrufen würde, fragte ich erst mal meine Freunde um Rat. So nervig konnte ich doch gar nicht sein. Man bescheinigte mir eine aktuell sehr gut ausgeprägte Sozialkompatibilität, lobte meinen Curry-Dattel-Dip, den ich zu jeder Party mitbringe, und kritisierte meinen Hang zu Schlagermusik. Das war okay. So weit zu mir.

»Ich habe etwas Ähnliches erlebt«, erzählte mir Anna. »Damals, als ich noch bei einer Stiftung gearbeitet habe. Ich wurde als Projektassistenz eingestellt und nach einem Jahr zur Projektleiterin befördert. Auf meine Frage, inwiefern das Gehalt mit der Beförderung angeglichen wird, hat mich der Vorstandsvorsitzende gefragt: ›Wo wollen Sie denn noch hin mit Ihrem Gehalt, wenn Sie jetzt mit siebenundzwanzig Jahren schon so viel verdienen wie Ihre älteren männlichen Kollegen?‹ Ich blieb auf der Gehaltsstufe einer Assistenz. Jeder Argumentationsversuch blieb erfolglos. Sein Blick verriet, was hinter der Stirn gedacht wurde: ›Man ist die anstrengend. Bei der hat wohl heute Morgen der Föhn gestreikt.‹ Immer wenn danach jemand gefragt hat: ›Leiten Sie das Team?‹, habe ich geantwortet: ›Nee, ich putz hier nur.‹ Und nach zwei Jahren habe ich demotiviert den Job gewechselt. Ich habe mir die Teamleitung damals zugetraut, warum auch nicht.«

Ich schaute zu Anna hinüber, überlegte und hörte mich dann sagen: »Was Männern als gesundes Selbstbewusstsein mit Willen zum Erfolg ausgelegt wird, ist bei Frauen der Hang zur permanenten Selbstdarstellung. Männer argumentieren zielgerichtet und fokussiert. Frauen gelten als anstrengend, wenn sie auf ihrem Standpunkt beharren. Das ist echt ein Drahtseilakt! Viele Frauen halten ihre Fähigkeiten in beruflichen Dingen daher immer noch zurück. Männer haben damit weniger ein

Problem. Aber bei der Mammutjagd blieb ja auch nicht viel Zeit für Selbstzweifel. Wissen, woher es kommt. Viele Männer kreieren eine Aura von Relevanz um sich herum im beruflichen Kontext ... Elternzeit? Wer? Ich? Und wer außer mir soll dann meinen Job machen?? So wird argumentiert, wenn es zum Beispiel um geteilte Elternzeit geht. HALLO?! Wer soll denn MEINEN Job machen, wenn ich ab dem Mutterschutz ins glückselige Hausfrauendasein auf Zeit hinübergleite? Da begriff ich, Frauen müssen sich ihre Relevanz im Job erarbeiten. Männliche Relevanz scheint gottgegeben. Jedenfalls aus Männersicht.«

Wenn ich scheitere, wird es katastrophal sein

Im September 1969 wurden die ersten Frauen an der renommiertem amerikanischen Yale Universität für ein Grundstudium zugelassen. Die Harvard Universität folgte diesem Beispiel sechs Jahre später. Nur mal so zum Vergleich: Das US-amerikanische Wahlrecht wurde bereits 1920 eingeführt. Im Auswahlverfahren suchte man in Yale gezielt nach intelligenten, jungen Frauen für das Studium, die entweder mit vielen Brüdern aufgewachsen waren oder sich in sportlichen Wettkämpfen bewiesen hatten. Kurzum: Frauen, die sich durchsetzen konnten. Smarte Pionierinnen mit Schmackes, die einen elitären Männerklub eroberten. Einige der Frauen wurden später für einen Film von Julia Pimsleur, Unternehmerin und Autorin des Buches *Million Dollar Women – The Essential Guide For Female Entrepreneurs That Want To Go Big*, interviewt. Pimsleur fragte zehn dieser ehemaligen Absolventinnen, wie es sich angefühlt hätte, Teil dieser traditionsreichen Einrichtung zu sein, ausgewählt unter Tausenden von hoch qualifizierten Kandidatinnen. Sie antworteten: »Ich sollte nicht wirklich hier sein« oder: »Alle waren so klug da. Und ich war doch nur ein ganz normales Mädchen.«

Die Yale-Mädels von 1969! Diese Universität hat fünf US-Präsidenten und neunundvierzig Nobelpreisträger hervorgebracht. Diese Frauen wurden Teil des Kosmos. Eine Auswahlkommission hat sie für würdig befunden, dort zu studieren. Sie wurden ausgewählt. Doch fühlten sich nicht würdig. Lanzenbrecherinnen auf höchstem akademischem Niveau, voller Selbstzweifel. Ich frage mich, wie viele junge Männer sich 1969 wohl gedacht haben »Eigentlich gehöre ich ja gar nicht nach Yale. Ich sollte den Bus nach Hause nehmen.«?

Julia Pimsleur beschreibt auch ihren eigenen Weg zur Unternehmerin in ihrem Buch. Ich kaufte es vor einigen Monaten, um zu sehen, wie andere Frauen den Weg zum eigenen Chefsessel meistern, und um mir ein wenig Motivation abzuholen. Denn wenn ich eine Sache noch viel besser kann, als mich in den Vordergrund zu drängen, dann ist es die, an mir selbst zu zweifeln. Autohaus-Suse kann ein Lied davon singen, denn oft genug lasse ich mich mit hängendem Kopf und schlaff in die Sessel ihres Büros fallen.

»Mach ein Lied von Roland Kaiser an. Ich kann das alles nicht. Ich schmeiß alles hin, mache die Firma zu und suche mir einen 9-to-5-Job. Geregeltes Einkommen, geregelter Urlaub, geregelte Arbeitszeiten. Ein Chef, der sagt, was zu tun ist. Ganz normales Arbeiten eben.« In diesen Momenten bin ich der personifizierte Selbstzweifel, im Hintergrund singt Roland Kaiser leise wahlweise »Warum hast du nicht ›Nein‹ gesagt?!« oder »Extreme«.

Bei der letzten Sesselerschlaffung hat Suse auf mein Gejammer hin gemahnt: »Denk an die Worte deines Friseurs: ›Das alles sagst du immer, bevor du den nächsten großen

Schritt machst!«« Sie hatte recht! In regelmäßigen Abständen lag ich in den letzten Jahren auf ihrem Autohauspsychosessel. Und zwar immer dann, wenn ich dabei war, das nächste große Projekt anzuschieben: Unternehmen gründen, Unilehrauftrag übernehmen, vor achthundert Leuten referieren. Immer saß ich kurz vorher im Autohaus. Ich habe regelmäßig Angst vor meiner eigenen Courage, und diese Angst dort auf dem Sessel ist ein bisschen so was wie mein persönlicher Geburtsschmerz für jedes neue Projekt. Aber wie im Kreißsaal gibt's dann auch im Autohaus kein Zurück mehr. Als ich das letzte Mal Geburtsschmerzen im Autohaus hatte, bin ich danach nach Hause gegangen und habe begonnen, dieses Buch zu schreiben.

Auch Mrs. Pimsleur kennt das Problem mit den Selbstzweifeln und listet die häufigsten Glaubenssätze auf, die Frauen davon abhalten, den nächsten Schritt zu gehen:

1. Wenn ich scheitere, wird es katastrophal sein, also werde ich nicht zu viel riskieren.
2. Ich erscheine dann zu dominant, und Männer wollen nicht mehr mit mir ausgehen.
3. Jemand anderes könnte den Job besser machen als ich.

Ich fand das schockierend, weil ich mich ertappt fühlte. Das sind meine Autohausgedanken! Vielleicht nicht in dieser Reihenfolge, aber ich kenne sie alle. Zwei von drei Gedankenschranken kann ich am Ende locker händeln, wenn ich genau darüber nachdenke. Weil ich zwei von drei Dingen selbst in der Hand habe und beeinflussen kann. Da ist zum Beispiel das Scheitern. Wir scheitern alle irgendwann einmal. Wichtig ist nur, dann wieder aufzustehen und sich neu zu orientieren. Und dass jemand anderes meinen Job besser machen könnte als ich, davon gehe ich aus. Jeder ist ersetzbar. Vielleicht kommt in fünf Jahren jemand, egal ob Mann oder Frau, der das Thema, welches ich beruflich bearbeite, besser, effizienter oder interessanter umsetzen kann. Dann würde ich diesen Jemand anrufen, zum Erfolg gratulieren und fragen, ob wir uns nicht mal persönlich kennenlernen wollen, um aus der Konkurrenz eine Allianz zu machen. Was hier so abgeklärt klingt, ist ein Gedankenkarussell, das schon seit Jahren in meinem Kopf läuft. Aber zum Glück habe ich mir mittlerweile eine entspannte Einstellung zu beiden Themen erarbeitet. Beide Problemkreise sind nämlich nichts anderes als eine Frage der persönlichen Einstellung.

Aber der dritte Autohausgedanke verfolgt mich. Vor allen Dingen dann, wenn ich ohne Mann in den Urlaub fahre. Oder mit meinem Curry-Dattel-Dip im Arm anstelle eines Mannes allein zur Party unterwegs bin. Wie ich auf andere Menschen wirke, kann ich nur bedingt beeinflussen. Weil sich jeder Mensch, der mir begegnet, ein Bild von mir macht, ausgehend von seinen eigenen Erwartungen und Ängsten. Wir projizieren Unmengen von eigenen Erfahrungen auf unser Gegenüber. Bewusst und unbewusst. Ich kann mich anstrengen, lieb und freundlich zu sein, meine als klassisch weiblich angesehenen Attribute in den Vordergrund zu stellen, indem ich sage, dass ich gern Kuchen backe und viel lächele. Wenn aber eine Doktorarbeit und unternehmerisches Interesse für unser Gegenüber als zu groß erscheinen, dann kann ich hundert Kuchen backen und bin immer noch die, deren Alphamännchen-Aufkleber bis nach Buxtehude blinkt. Dieses Problem kann ich nur bedingt lösen. Und weil ich es selbst nur bedingt lösen kann, ist es vielleicht meine Achillesferse und die Achillesferse vieler anderer beruflich engagierter Frauen. Jedenfalls im Moment noch.

166

Dr. Bettina hat mir vor vielen Jahren mal den Rat gegeben, nicht den gleichen Job zu machen wie mein Mann. Nicht im selben Unternehmen zu arbeiten und schon gar nicht auf vergleichbaren Positionen. Damals war ich zwanzig Jahre alt und habe das Problem nicht verstanden. Heute verstehe ich es nur zu gut. Das ist nicht gesund, weil Konkurrenz die Beziehung frisst. (Darauf ein Glas Korn!) Wenn ich als Frau aber theoretisch selbst schon beruflich dort angekommen bin, wo die Luft dünn wird, und dann noch all diejenigen streiche, die mit mir auf einer Stufe stehen, und all diejenigen streiche, die zwar über mir stehen, aber – frei nach Eckart von Hirschhausen – lieber die Sekretärin heiraten wollen, dann sitze ich auf meinem Berg und genieße die Aussicht allein.

Was also tun? Noch mehr Männer in Führungspositionen heben, damit am Ende jede Frau doch noch einen abbekommt, der beruflich mindestens auf der gleichen Stufe steht? Oder sollten wir unsere Ansprüche überdenken? Uns umorientieren? An dieser Stelle müssen wir Frauen uns gerade machen. Tut mir leid, es geht nicht anders. Folgendes Szenario: Du bist als Frau beruflich erfolgreich unterwegs, dein Mann ist vielleicht Hausmann, und ihr nehmt gemeinsam am Neujahrsempfang des Bundeswirtschaftsministeriums teil. Geladene Gäste aus der Wirtschaft mit allem Zipp und Zapp. Du hast lange dafür gearbeitet, um dort zu stehen. Häppchen und Prosecco schweben in regelmäßigen Abständen vorbei, die Stimmung ist ausgelassen, Erfolge werden besprochen und gefeiert.

Ihr steht in einem Kreis bestehend aus Erfolgsmanagern und -managerinnen zusammen, und die Frage kommt auf: »Und, was machen Sie so beruflich?« Die Frage geht aber nicht an dich, sondern an deinen Mann. Und dem fällt im übertragenen Sinne die TV-Fernbedienung als Antwort aus der Jacketttasche, weil er eigentlich gar nichts macht und sich auch für nichts begeistern kann. Gebt mir einen Shitstorm, aber das würde etwas mit mir machen. Innige Liebe hin oder her. Arbeitslosigkeit oder Ruhestand oder berufliche Umorientierung oder drei Hierarchiestufen unter mir zu stehen, das ist nicht unsexy. Antriebslosigkeit ist unsexy. Auch das gehört zur Wahrheit: Was er beruflich macht, ist mir egal. Hauptsache seine Männlichkeit geht ihm nicht flöten. Es gibt genug andere Dinge, über die sich ein Mann abseits des Berufs definieren kann, um neben einer erfolgreicheren Frau nicht abzuschlaffen. Such dir ein Hobby, oder mach einen Grillkurs, oder betätige dich ehrenamtlich, oder kümmere dich um die Kinder. Ganz einfach irgendwas, das zeigt, dass du dein Leben im Griff hast. Männer, die ihr Leben im Griff haben und nicht rumschluffen, das ist attraktiv.

Ein Freund von mir, Mitte fünfzig, der größte Fan seiner Frau, die beruflich erfolgreicher ist, hat mir gesagt: »Meine Frau kann beruflich machen, was sie will. Ich unterstütze sie in allen Bereichen und bin richtig stolz auf sie. Ich räume von mir aus auch die ganze Bude auf. Jeden Tag. Aber versteh mich mal richtig, wir haben privat eine klare Rollenverteilung. Ich trage die Wasserkästen ins Haus, sie backt den Kuchen. Ich habe meine Hobbies, über die ich mich definieren kann. So funktioniert es für uns beide. Der gegenseitige Respekt bleibt damit erhalten.« Auf meine Frage, ob noch drei weitere Brüder mit der gleichen Einstellung und ohne Ehering in seiner Familie verfügbar seien, lachte er nur.

Ich werde auch in Zukunft nicht drum herumkommen, mir Stempel aufdrücken lassen zu müssen. Was ich aber seit einiger Zeit mache: Ich hole neben meinen ganzen Abschlüssen und Erfolgen jetzt zusätzlich auch noch einen roten Lippenstift aus der Tasche und setze mit einem freundlichen Lachen ein selbstbewusstes Statement. Damit ist die Verwirrung komplett, und viele Männer wissen gar nicht mehr, was sie noch von mir halten sollen. Ich bin vieles: manchmal laut, immer ehrgeizig, zielstrebig, strukturiert, oft fokussiert und auch ergebnisorientiert. Aber eines bin ich ganz sicher nicht, nämlich der Meinung, dass meine Relevanz gottgegeben wäre.

13. Macher gesucht

Ich liebe Männer. Das habe ich in der Einleitung gesagt. Und ich mag Beziehungen. Dass zu einer Beziehung mindestens zwei gehören, die sich anziehend finden, ist weitestgehend gesellschaftlicher Konsens. Also normal. Was muss ein Mann haben, damit ich nicht umhinkomme, vielleicht einen zweiten Blick zu riskieren und später meine Couch mit ihm teilen zu wollen? Die Frage ist gar nicht mal so leicht zu beantworten, ohne selbst in die Klischeeschublade gesteckt zu werden oder ohne, dass ich Männer in eine Klischeeschublade stecke. Ich überlege.

Nach zwei Stunden überlege ich immer noch, weil mir praktisch nur Klischees einfallen. Groß, männlich, stark, aber was heißt das schon? Ich beschließe, Äußerlichkeiten außen vor zu lassen. Mal abgesehen davon, dass das komplett subjektiv ist, wird ein Mensch bekanntermaßen erst durch seinen Charakter so richtig schön. Ich versuche mich also auf die inneren Qualitäten zu konzentrieren. Hmm ... wenn jemand überzeugend reden kann, strukturiert und verständlich wirkt. Das ist sexy. Selbstsicherheit, seine Meinung auch als Mindermeinung vertreten. Charmant sein.

Ich glaube, ich suche einen Macher, und höre schon die Aufschreie. Veraltetes Männerbild!! Hat die Frau denn nichts aus der Emanzipation gelernt? Doch. Hat sie. Und trotzdem möchte sie einen charakterstarken, gefestigten, männlichen Mann. Einen, der weiß, was er will. Versteht mich nicht falsch, ein Macher ist nicht der, der am lautesten »hier« schreit oder den dicksten Chefsessel hat. Ein Macher ist für mich jemand, der Wort hält und sich kümmert. Annas Freund ist so jemand. Er ist kein lautes Alphamännchen. Keiner mit einem Porsche. Und auch kein großer Redner. Aber er erledigt seinen Kram. Und Annas Kram gleich mit dazu. Er macht kein Gewese um die Dinge, die zu tun sind. Er erledigt sie. »Gib mir ein Zeitfenster, und ich mache das schon«, sagt er dann zu Anna. Und sie gibt ihm ein Zeitfenster, und er macht das dann schon. Manchmal diskutieren sie vorher. Manchmal wird es so gemacht, wie Anna es gern hätte. Manchmal wird es so gemacht, wie er es gern hätte. Egal wie, er kümmert sich.

Vor ein paar Tagen waren er und ich zusammen Mittag essen. Wir warteten in der Schlange vom Asia Bistro, um Nummer 5B und Nummer 21 zum Mitnehmen zu ordern. Vor uns in der Reihe stand ein Mann. Vielleicht Anfang vierzig. Outdoor-Jacke, Trekking-Schuhe. Praktisch funktional eben. Er hätte bitte, wenn's keine Umstände macht, ja vielleicht, also, hmm, die Nummer 5.

»Nummer 5«, wiederholte die Dame an der Kasse mit asiatischem Akzent lächelnd. »Sieben Euro fünfzig, bitte.« Er wühlte in seiner Geldbörse, und während er das Geld auf den Tresen legte, schaut er nochmals hoch zur Anzeigetafel und sagte: »Nein, bitte, stopp, Entschuldigung, ich nehme B6. Aber ohne scharfe Soße. Nein, Moment, doch lieber die Nummer 9.« Dreimal umentscheiden. Kein Ding, kenne ich, dachte ich mir. Annas Freund rollte schon mit den Augen. Die Kassiererin griff nach dem Geld auf dem Tresen, und blitzschnell legte die Funktionsjacke vor uns seine Hand auf das Geld und schaute die Frau an: »Ich möchte mein Essen bitte lauwarm.« Annas Freund verschluckte sich fast am Kaugummi.

Er wollte sein Essen lauwarm. Und ich wusste in diesem Moment genau, was ich nicht wollte. Ich möchte keinen Mann, der sein Mittagessen im Bistro mit dem Hinweis »bitte lauwarm« bestellt. Lauwarm? Das ist nichts Halbes und nichts Ganzes. Die Frau an der Kasse lächelte professionell weiter und rief etwas auf Vietnamesisch in die Küche. Einer der Köche streckte ungläubig seinen Kopf heraus. Und ich begann in Gedanken das Männerunser zu beten:

Männer unsere in diesem Leben,
geheiligt werde euer XY-Chromosomensatz.
Euer Charme komme.
Eure Stärke bestehe,
Wie auf dem Chefsessel so auch am Herd.
Eure tägliche Zuneigung gebt uns heute.
Und vergebt uns unsere Unabhängigkeit,
wie auch wir vergeben euch eure Unsicherheit.
Und führt uns nicht ins Singledasein,
sondern erlöst uns von eurem Mimimi.
Denn euer sind die starken Arme und die breiten Schultern
und die Männlichkeit in Ewigkeit.
A-Männ

Ich habe ein Gefühl. Und weil das ein Buch über die gefühlte Wahrheit ist, kommt hier meine Beobachtung: Die Macher sterben aus, und Männer, deren Lebensmotto *Whatever floats your boat* zu sein scheint, sind auf dem Vormarsch. Oder besser gesagt, sie breiten sich aus. »Vormarsch« ist hier, glaube ich, das falsche Wort. Zumindest werden es in Akademikerkreisen immer mehr von ihnen. »Was auch immer dein Boot zum

Schwimmen bringt« klingt mehr nach Yogakurs in Wuppertal und Skinny Jeans als nach dem Mann, der mir Paroli bieten könnte. Ich meine, ich kann es ja verstehen. *Wann ist der Mann ein Mann?* hat sich 1984 schon Herbert Grönemeyer gefragt. Ihr Männer habt es nicht leicht. Die männliche Sinnkrise ist da, seit Alice Schwarzer als Frauenrechtlerin und Herausgeberin der Zeitschrift *EMMA* in Deutschland genauso bekannt ist wie der Papst oder Modern Talking. Wie soll ein emanzipierter Mann heute sein? Gefühlvoll mit echter Freude an veganem Essen und einem romantischen Spaziergang oder ein richtig harter Typ, der dich auch mal gegen die Wand drücken kann? Das Mittagessen entweder heiß ODER kalt zu bestellen wäre allerdings schon ein Anfang.

Männer hatten es schon in den 1980er-Jahren sehr, sehr, sehr schwer. Sagt Rosita Nissen. Die nämlich hat das Buch *Traumfrau werden – Männer verführen* geschrieben, welches mir vor ein paar Jahren in die Hände fiel, als das Konglomerat mit Tom im Begriff war, von Tom aufgelöst zu werden. Ihr wisst, was meine Mutter sagt: Es gibt keine Zufälle. Die Bücher finden dich. Passend zu deiner aktuellen Lebenslage. Ich hatte damals das Gefühl, mein Traumfrauenpotenzial noch nicht voll ausgeschöpft zu haben. Warum wohl sonst hätte Tom sich permanent von anderen Mädels begeistern lassen. Ganz klar, es lag an mir. Gequälter Lachsmiley. Fachliteratur zum Zwecke der Selbstoptimierung musste her. Wenn in der Sache tatsächlich noch Luft nach oben war, wollte ich den Dingen auf den Grund gehen. Ich stöberte eines Nachts bei Amazon, und zack, da war es. Das Buch meines Vertrauens, welches Seriosität und Kompetenz ausstrahlte: »Rosita Nissen kennt die Männer, den Sex und die Liebe. Dieses Wissen kommt nicht von ungefähr; denn ein Großteil ihrer Erfahrungen im Umgang mit Männern, der sie außerdem zur Hobbypsychologin werden ließ, hat sie als Luxus-Callgirl erworben. […] Als Kosmetikerin mit sämtlichen Diplomen fällt es Rosita Nissen wahrlich nicht schwer, den Leserinnen Tipps und Anregungen zu geben, wie sie noch schöner und begehrenswerter werden können.« Das war auf dem Rückklappentext zu lesen. Das Buch war von 1987. Ein bisschen in die Jahre gekommen vielleicht. Und auch der Carl Stephenson Verlag, der seine anregende Literatur hauptsächlich über den Fachmarkt Orion vertreibt, mag nicht der Verlag sein, dessen Bücher in den Feuilletons dieser Bundesrepublik hoch und runter besprochen werden. Aber warum sollte man sich nicht von kompetenten, reiferen Damen führen lassen und von ihren Erfahrungen profitieren? Das machen Elefanten ja schließlich auch nicht anders. *Traumfrau werden – Männer verführen.* Ich klickte auf Kaufen. Es tut mir leid, Frau Schwarzer. Ich nahm mir fest vor, gleich am nächsten Tag ein Abo der *EMMA* abzuschließen. Als Meinungsgegenpol.

Drei Tage später lag das Buch neben meiner Couch. Ich sagte alle Verabredungen für die nächsten achtundvierzig Stunden ab, um mich in die Materie einzuarbeiten. Ich wollte jetzt Traumfrau werden. *Haltet mich nicht auf!*

Ich begann zu lesen. Rosita polarisierte. Frauen wären schuld, wenn Ehen nicht funktionierten. Frauen wären schuld, wenn es im Bett nicht lief. Der Mann könnte für all das nicht zur Verantwortung gezogen werden. Ich atmete mehrfach tief durch die Nase ein, bis kaum noch Sauerstoff im Zimmer war. In Rositas Universum von 1987 wäre ich gerne ein Mann gewesen. Frei von jeglicher Schuld und gefangen im komplexen Anforderungswirrwarr der Frau. Das Anforderungsprofil an den Mann, aus Rositas Sicht ein einziger komplexer Widerspruch: Dominant, tolerant, häuslich, sportlich, Realist und Kavalier muss er sein. Und wir Frauen? Müssten ihren Worten nach im Gegenzug nur »das Einfachste sein, nämlich nur Frau«. Wenn wir unsere Ansprüche an das starke Geschlecht zurückschrauben und die Männer von dieser belastenden Komplexität befreien würden, käme man gefühlt dem Weltfrieden schon ziemlich nahe.

Ich stellte fest: Der Mann war hier das Opfer. Offensichtlich wurde aber bereits 1987 schon von den Männern verlangt, was heute aktueller denn je ist: eine gelungene Mischung aus hart und zart zu sein. In der Weiterentwicklung würde ich sagen, wurde aus einem verständnisvollem Gegen-die-Wand-Drücker im Jahr 1987 ein veganer, verständnisvoller Gegen-die-Wanddrücken-Lasser, der ausreichend Elternzeit nehmen sollte, im Jahr 2022.

Rosita war noch längst nicht am Ende mit ihrem Männerlatein, und der Weg zur Traumfrau schien weit. Sie verlangte von mir, mich zu fokussieren. Vor allen Dingen auf Männer. Und nur auf Männer. Der Mann als Epizentrum meines Lebens. Laut Rosita würden Kinder, Haushalt und Jogginghosen nur vom Wesentlichen ablenken. Das Wesentliche, also dem Mann. Zu verstehen, in welch prekärem Erwartungsspannungsfeld sich der Mann per se befindet, war Schritt eins. Schritt zwei war die Einsicht. Wenn etwas nicht gut lief, war es immer meine Schuld als Frau. Immer. Kostprobe gefällig? Rosita schrieb: »Ein Mann ist so gut im Bett wie die Frau, mit der er zusammen ist.[...] Es gibt keine impotenten Männer, nur unfähige Frauen.«

Der Sauerstoff in meinem Wohnzimmer war gänzlich aufgebraucht. Ich saß also fassungslos und mit offenem Mund auf meiner Couch. Und war erleichtert, weil erleuchtet. Die Lösung all meiner Männerprobleme: ich. Ich musste nur verstehen und erkennen, sagte Rosita. Und wenn ich mir jetzt noch einen engen Rock anzog und meine Meinung beim Nachhausekommen an der Garderobe abgab, dann hätte ich ihn erreicht, den Status der Traumfrau. So Rosita.

So ein Schwachsinn! Und doch war es Schwachsinn garniert mit einer Wahrheit, die ich nicht umhinkam, mir einzugestehen. Schwachsinn an dem Buch ist, dass wir Frauen per se schuld daran sind, wenn's im Bett nur suboptimal läuft. Schwachsinn ist auch, dass Frauen nur in einem simplen Minikosmos bestehen, der ihnen nichts weiter abverlangt, als »einfach nur Frau« zu sein. Was ich an Rositas Aussage nicht für Schwachsinn halte, ist die Komplexität, in der sich die Männer 1987 wie auch heute befinden. Das ist aber eben nur die halbe Wahrheit. Denn die Lebenswirklichkeit von Frauen steht dem in nichts nach.

Frauen sind angehalten, den Spagat zu schaffen. Männer aber eben auch. Meine Idee vom perfekten Mann ist ambitioniert, das gebe ich zu. Beruflich und in der Beziehung fordere ich Gleichberechtigung und möchte einen aufgeklärten Mann. Zeitgleich nehme ich aber an, dass jemand, der lauwarmes Essen oder vegane Burger bestellt, nicht in der Lage dazu ist, mir Paroli zu bieten. Von der Gegen-die-Wand-Drückerei mal ganz zu schweigen. Ich will das eine und predige das andere. Ich suche nach derselben krassen Charaktermischung bei Männern, die mich selbst als Frau in meiner Weiblichkeit schon stresst. Das ist doch genauso ein Schwachsinn. Ich ärgere mich immer, wenn mir das mal wieder bewusst wird, und versuche, etwas an meinem persönlichen Erwartungshorizont zu ändern. Ich sag's nur ungern, aber das ist wirklich harte Arbeit.

Und langsam dämmert es mir. Ich bin nicht zur 1987er-Traumfrau geboren. Jedenfalls genüge ich Rositas Ansprüchen nicht. Ich habe zwar mehrere enge Röcke im Schrank, aber mit meiner Meinung kann ich nicht hinterm Berg halten. Wenn es schon nichts wird mit der Karriere als Traumfrau, dann eben doch anderweitig Karriere machen, denke ich mir. Am besten selbst eine Macherin sein. So wie Clementine Churchill. Sie war die Ehefrau des britischen Premierministers Winston Churchill. Geboren wurde sie als Clementine Hozier 1885 in London. Sie studierte, damals durchaus noch ungewöhnlich für junge Frauen, an der Sorbonne in Paris. 1908 erfolgte die Heirat mit dem jungen, aufstrebenden Politiker Churchill, der mittlerweile bereits britischer Handelsminister war. Clementine Churchill war eine Unterstützerin der Frauenbewegung und engagierte sich maßgeblich in sozialen Belangen. Ihrem Mann war sie auf dem Weg an die Spitze des britischen Parlaments und in seiner Zeit in der Londoner 10 Downing Street eine wichtige Stütze. Sie war die Macherin hinter dem Macher. Zusammen waren sie ein Team, das sich auf Augenhöhe begegnete. Da ist eine kurzweilige Anekdote, deren Quelle unbekannt ist, von der aber wortwörtlich an vielen Feiertagen zur Frauenbewegung berichtet wird und die vom Miteinander der Churchills erzählt. Es begab sich wie folgt, ich zitiere das Internet:

Eines Tages spazierte das Ehepaar Churchill durch ein vornehmes Quartier in London. Die Leute grüßten und wechselten ein paar Worte mit dem Premierminister. Ein Straßenfeger hingegen grüßte vor allem Frau Churchill, und die beiden blieben ein Weilchen in vertrautem Gespräch beiseite. Danach fragte Churchill seine Frau, was sie so lange mit einem Straßenfeger zu besprechen gehabt hätte? – »Ach ... er war vor langer Zeit mal verliebt in mich«, entgegnete sie. Churchill schmunzelte und meinte: »Siehst du, wenn du ihn geheiratet hättest, wärst du heute die Frau eines Straßenfegers.« Frau Churchill schaute ihren Mann verwundert an und sagte die legendären Worte: »Aber nein, Darling, wenn ich ihn geheiratet hätte, wäre er heute Premierminister.«

Ich liebe diese kleine Geschichte. Sie zeigt, wie viel Power in Frauen steckt. Uns zu unterschätzen ging schon damals und geht auch heute an der Realität vorbei. Als ich die Idee zu diesem Buch beim Verlag eingereicht habe, dachte ich, dass der Titel *Eine hodenlose Frechheit* unmissverständlich auf Männer hindeuten würde. Auf Männer, die im Umgang mit smarten Frauen keine Souveränität beweisen und die zum Teil unverschämt auf Frauen reagieren, die ihnen mehr als nur das Wasser reichen können. Dass aber auch Frauen im übertragenen Sinne eine »hodenlose Frechheit« sein können, davon ging meine Lektorin aus. Ich war perplex, weil ich die zweite Bedeutungsebene im Titel bis dato nicht wahrgenommen habe. Aber sie hatte natürlich recht.

Qua XX-Chromosomensatz sind wir hodenlos und unsere Forderungen für viele Männer in dieser Gesellschaft sicherlich eine Frechheit. Als Frauen, die sich herausnehmen, Staaten und Unternehmen führen zu wollen, die kein Blatt vor den Mund nehmen, sich in Protesten und Demonstrationen für die Gleichberechtigung auf ganzer Linie einsetzen. Für viele Männer war und ist das immer noch eine Zumutung. Gleichberechtigte Elternzeit, Geschlechterausgleich auf der Führungsebene, toughe Frauen in Autowerkstätten oder im Boxring; ganz zu schweigen von den Frauen, die auf einer inhaltlich vergleichbaren Position vielleicht irgendwann einmal mehr Geld verdienen werden als ihre männlichen Kollegen.

Die Emanzipation ist keine vorübergehende Krankheit, die auszusitzen es sich lohnt. Keine Modeerscheinung. Das geht nicht mehr weg. Und lässt sich zum Glück auch nicht rückgängig machen. *You better deal with it.* Wir machen das zusammen, ohne dass Männer oder Frauen ihre als typisch weiblich oder männlich eingestuften Eigenschaften verlieren müssen. Im Gegenteil, beide Geschlechter bekommen neue Eigenschaften hinzu. Das ist kein Verlust, sondern ein Gewinn. Lasst uns das zusammen machen. Dann nämlich sind beide Seiten Macher. Und niemand verliert sein Gesicht. Ich möchte eine Traumfrau sein. Und eine hodenlose Frechheit. Das muss doch irgendwie möglich sein!

14. Männerstatus: Kreisverkehr

Das letzte Kapitel dieses Buches tippe ich im ICE von München nach Hamburg. Es sind Sommerferien. Deutschland reist, und ich reise mit. Die Bahn ist – an und für sich – eine feine Sache. Man kann während der Fahrt im Zug hin und her laufen, mit anderen Gästen ins Gespräch kommen, scherzen, lachen oder einfach auf seinem Platz sitzen und mit Musik in den Ohren die Bundesrepublik vorbeiziehen sehen. Wir könnten unserem Traummann begegnen und entspannt am Zielbahnhof aussteigen. Ja, so eine schöne Bahnfahrt ... hatte ich lange nicht mehr.

Der ICE von München nach Hamburg ist an diesem Dienstagmorgen schon in München voll. Ich ergattere einen Platz am Fenster. Hinter mir nimmt ein Typ Platz, der offensichtlich ein bisschen nervös und nicht ganz allein ist. Noch bevor sich der Zug in Bewegung gesetzt hat, schlägt er schon wahlweise gegen die Sitze oder läuft im Gang auf und ab. Ich tippe auf Drogenopfer. Ja klar, ich hätte einen anderen Sitzplatz suchen können. Aber jeder, der schon mal in einem vollbesetzten Zug mit zwei Koffern und zwei Taschen im Schlepptau nach einem schönen, ruhigen Sitzplatz gesucht hat, weiß, den gibt's nur vorne beim Lokführer. Sonst nirgends. Ich bleibe also sitzen, packe meinen Laptop aus und hoffe, dass der Typ nicht auf die Idee kommt, zu randalieren. Mein freundlicher Hinweis an ihn, meinen Sitz doch vielleicht in Ruhe zu lassen, verhallt ungehört. Ich bin froh, mir dafür nicht noch eine Beleidigung eingefangen zu haben.

Los geht's, Abfahrt. Bayern zieht an mir vorbei, und ich beginne, zu tippen. Zweieinhalb Stunden später sind wir in Würzburg. Zwanzig Minuten später sind wir immer noch in Würzburg. Am Zug ist irgendetwas nicht in Ordnung. Der Schaffner weiß mehr als wir, das sehe ich an seinem hektischen Blick, als er durch den Gang an mir vorbeieilt. Irgendetwas ist nicht koscher. Was weiß der, was ich nicht weiß!? Der Wagen setzt sich in Bewegung. Noch fünfhundert Kilometer. Der nächste Halt ist Fulda. In Fulda: »Liebe Fahrgäste, wir haben ein technisches Problem. Mal gucken, was es ist. Keine Ahnung, wann es weitergeht. Wir melden uns.« Fünfundzwanzig Minuten später fahren wir ab. Die Idee vom pünktlichen Anschluss in Hamburg lasse ich in diesem Moment in Frieden gehen. Der Typ hinter mir lässt seinen Frust darüber an meinem Sitz aus. Immerhin, wir fahren.

Vor ein paar Jahren saß ich in Berlin in einem Taxi zum Flughafen, und der Taxifahrer hat eine alte Taxifahrerweisheit mit mir geteilt, als der Verkehr fast zum Erliegen kam. Diese klugen Worte bete ich bis heute mantraartig runter, wenn wahlweise mein Leben oder der Verkehr ins Stocken gerät: »Junget Fräulein, keene Panik, solange wa noch rollen, steh'n wa nicht, wa?!« Recht hat er. Solange sich noch irgendwas bewegt, kommen wir vorwärts. Manchmal dauert es nur etwas länger bis zum Ziel.

Der nächste Halt ist Kassel. Und auch hier steht unser Zug beunruhigend lange am Bahnhof. Der Schaffner fasst sich ein Herz und macht die Durchsage: »Liebe Fahrgäste, wir haben Techniker organisiert, die schauen sich das technische Problem jetzt mal an. Wir wissen noch nicht, wann es weitergeht.

Wir sagen Bescheid.« Fünfzehn Minuten später: »Schlechte Nachrichten. Der Zug wird hier ausgesetzt. Bitte nutzen Sie den ICE auf Gleis fünf nach Hamburg.« Ein voll besetzter ICE wechselt mit Sack und Pack das Gleis. Ansage auf Gleis fünf: »Der ICE aus Stuttgart nach Hamburg hat aufgrund einer technischen Störung eine Verspätung von fünfzehn Minuten.« Neben mir ein Mann: »Deutsche Reichsbahn, wo bist du nur?«

Der ICE nach Hamburg fährt ein. Ein voll besetzter Zug muss in einen voll besetzten Zug umsteigen. Augenblicklich kommt mir Moses in den Sinn. Ihr wisst, was Moses mit dem Wasser gemacht hat?! Jeder kennt den Moment der Meeresteilung, aber was mit den Wassermassen nach dem Ende des Tricks passiert ist, davon redet keiner. Wie es sich aber so ungefähr abgespielt haben muss, das sehe ich an diesem Tag in Kassel. Der Zug kommt zum Stehen, die Türen öffnen sich. Massen prallen aufeinander. Koffer, Taschen, Omas, Wurststullen, Rucksäcke, Babys, alles durcheinander. Aber immerhin habe ich den Drogentyp abgeschüttelt.

Ich habe einen Sitzplatz im Zug gefunden. Viele andere nicht. Einer meiner Koffer fährt jetzt auf meinem Schoß weiter. Strapazierte Gesichter, so weit das Auge reicht. Neben mir schreit ein Baby. Der Zugführer macht eine Durchsage: »Werte Fahrgäste, wir sind übersetzt. Bitte alle Fahrgäste aussteigen, die noch Zeit haben und bei denen es nicht so eilig ist. So voll besetzt können wir nicht losfahren.« Ich weiß nicht, wer dieser freundlichen Bitte am Ende nachgekommen ist. Ich bin es jedenfalls nicht. Ich sitze in einem ICE in Kassel. Ankunft in Hamburg? Ungewiss. Immerhin friert keiner. Weil es Hochsommer und so schön warm ist. Der Zug rollt vom Gleis, das Baby schreit immer noch. Ich biete dem Baby einen Keks an. Seine Mutter sagt, dass Babys keine Kekse essen. Kein Problem, mehr für mich. Nach fünf Keksen habe ich meine innere Mitte wiedergefunden. Das Baby schreit immer noch. Es sollte dringend anfangen, Kekse zu essen, denke ich mir.

Der ICE nimmt Fahrt auf. 60 km/h. Das ist besser als nichts. Aber immer noch zu langsam, wenn man bedenkt, dass es bis nach Hamburg noch dreihundert Kilometer sind. Der Schaffner im Zug versucht, seine Informationspolitik zu optimieren, indem er mit merklich beschwingter Stimme die folgende Durchsage macht: »Werte Fahrgäste, aufgrund einer Gleissperrung wird unser Zug umgeleitet und hält heute nicht in Hannover. Dafür fahren wir aber über Wolfenbüttel.« Neben mir versucht die junge Mutter offensichtlich, das schreiende Baby ins Koma zu schaukeln. Noch zweihundertfünfundneunzig Kilometer bis an die Elbe. Meine Kekse sind alle.

Drei Stunden später steige ich in Hamburg aus. Mit vier Seiten neuer Manuskriptideen im Gepäck. Und ich kam während der Reise nicht umhin, die Beziehungen von toughen Frauen zu Männern mit einer Fahrt im ICE der Deutschen Bahn zu vergleichen. Manchmal geht es nicht vor und nicht zurück, manchmal quält man sich, manchmal muss man umsteigen, auch wenn man dachte, bereits im richtigen Zug zu sitzen. Manchmal ist der Weg anstrengend und mühsam. Und wenn du nicht aufpasst, stehst du am falschen Gleis, und der Zug fährt ohne dich ab. Das Ganze ist eine Reise. Und jeder bestreitet diese Reise anders, auch wenn wir im selben Zug sitzen. Jeder reagiert unterschiedlich, aber im Prinzip wollen wir alle ans selbe Ziel kommen. In Beziehungen wie im Zug muss man sich manchmal zurücknehmen. Tief durchatmen, damit es nicht eskaliert, wenn ein Verrückter versucht, deinen Sitz aus der Verankerung zu reißen oder ein Baby von Hannover bis Bielefeld durchschreit. Wir sind nicht allein unterwegs, und es läuft nicht immer rund. Um stressfrei durchzukommen, müssen wir auch mal manchmal tief durchatmen. Und ob du jemals irgendwo ankommst, weißt du erst, wenn du auf dem Weg bist. Selbstsichere Männer und selbstbewusste Frauen, das sollte so sein wie Yin und Yang. Wie die Deutsche Bahn und ein pünktlicher Fahrplan. Etwas, das einfach zusammengehört. Aber wenn die Bahn schon am Fahrplan scheitert, wie soll ich dann erst bei etwas derart Komplexem wie der Männersuche die Weichen richtig stellen können?

Ich kenne Frauen, die richtig viel PS auf die Straße bringen. Beruflich wie privat. Frauen, die die Auseinandersetzungen mit Männern im Berufsleben sportlich nehmen, aber privat fast daran verzweifeln, dass sich dort niemand mit ihnen auseinandersetzen möchte. Kluge Frauen, die mit ihrer Meinung und ihren Fähigkeiten hinter dem Berg halten, um ein Date über den Abend zu retten. In vielen Gesprächen für dieses Buch habe ich Frauen erlebt, die sich in einer gefühlten Endlosschleife ohne Ausgang befinden. Männerstatus: Kreisverkehr. Was können wir als emanzipierte Frauen tun, damit die Klügere am Ende nicht die Dümmere ist, wenn es um die Partnerwahl geht? Müssen wir in Sachen Selbstbewusstsein und Unabhängigkeit einen Schritt zurück machen? Oder müssen die Männer endlich einen Schritt nach vorne machen? Es geht nicht darum, den kleinsten gemeinsamen Nenner zu erreichen, sondern eine neue Schnittmenge zu finden, die allen Seiten gerecht wird. Männer sollten versuchen, aus ihrem evolutionsbiologischen Kreisverkehr herauszukommen und auch mal die Ausfahrt »Moderne Frau« nehmen, ohne gleich per Vollbremsung den Rückwärtsgang einzulegen.

Ich drehe gedanklich ein paar Runden im Kreisverkehr und frage mich: Was können wir als Frauen tun, um die Männer bei der Ausfahrtsentscheidung zu unterstützen? Männer haben es schwer, das wissen wir spätestens seit Rosita Nissen. Aber mal im Ernst, wie schwer machen wir es den Männern eigentlich heutzutage wirklich? Das fängt bei Kleinigkeiten wie Komplimenten an. Vielen Männern fehlt meiner Meinung nach ein wenig die Orientierung, anderen Männern fehlt die gute Erziehung, wenn es um Komplimente geht. Die einen wissen nicht, ob Komplimente heutzutage noch angebracht sind, die anderen wissen gar nicht erst, was ein gutes Kompliment ist. Da gerade das gute alte Kompliment heutzutage an Boden verliert, möchte ich eine Lanze für das Kompliment brechen. Jetzt habe ich sechs Mal »Kompliment« gesagt, und das mit Absicht. Denn ehrlich gemeinte Komplimente von Männern sind toll. Ich liebe sie. Das sieht allerdings heute nicht mehr jede Frau so, und daher ist das Machen von Komplimenten ein wenig, wie Schiffe versenken zu spielen. Manchmal trifft man ins Schwarze, und manchmal geht's daneben.

Ich komme dazu noch einmal auf meine Lieblingslieferantenberufsgruppe zurück: die Postboten oder, besser gesagt, die Paketmänner. Vor gar nicht langer Zeit klingelte an einem Montagmorgen mein Telefon, als ich das tat, worauf am Montag und auch an sonst keinem Tag der Woche niemand so richtig Lust hat: Buchhaltung.

»Hallo, hier ist FedEx, ich habe eine Lieferung für Sie. Sieht aus wie ein Drucker. Wo genau muss ich hin?«, sagte der Mann am Telefon.

»Oh, super, hallo, die und die Straße, Hinterhaus. Ich komme Ihnen entgegen«, freute ich mich über den Anruf und darüber, das Paket sofort annehmen zu können und den Drucker nicht später mit dem Fahrrad von irgendwoher abholen zu müssen. Ich also runter und dem Paketmann freudig entgegen. Der begrüßte mich mit den Worten »Bei manchen Menschen ist die Stimme toll, aber die enttäuschen optisch. Sie enttäuschen nicht.«

Montag, Buchhaltung, Jogginghose. Und ein Kompliment. Ich habe mich wirklich sehr darüber gefreut. Wir flachsten noch ein paar Minuten, und ich schwebte drei Zentimeter über dem Boden mit meinem Drucker im Arm in meine Wohnung. Ganz beseelt von der schönen Begegnung nahm ich mein Handy und ließ meinen Social-Media-Kosmos an der Geschichte à la »Stellt euch vor, was mir gerade passiert ist« teilhaben. Unter dem Hashtag #montagskompliment ließ ich die Begebenheit in die Welt hinaus und wartete auf die Rückmeldung aus meinem *World-wide*-Kontaktnetzwerk. Es dauerte keine zwei Minuten, und ich hatte die erste Gemütsregung einer Bekannten meines Alters auf dem Telefon. In freudiger Erwartung eines lachenden Smileys las ich: »Findste das nicht sexistisch?« Ich starrte ungläubig auf mein Telefon und musste die Nachricht zweimal lesen. Wie bitte?! Wo war denn hier der Sexismus? Der Mann wollte weder meine Telefonnummer haben, noch kam er mir bei der Paketübergabe näher als üblich bei diesem Vorgang, noch bot er mir einen unkomplizierten Quickie auf der Ladefläche seines Transporters an. Wo hört ein Kompliment auf, und wo fängt Sexismus an? Ich war kurz überfordert mit der Frage. Was, wenn die gleichen Worte keine Freude auslösen, sondern im Auge der Betrachterin ganz dünnes Eis darstellen, das einer sexuellen Belästigung nahekommt? Postbote *in danger!*

Ich persönlich entschied mich dafür, die Frage als unverhältnismäßig abzuhaken. Nein, ich finde das nicht sexistisch. Aber ich finde, dass unsere beiden sehr unterschiedlichen Reaktionen darauf beispielhaft für einen Riss sind, der durch die

Frauen in der Gesellschaft geht. Und wenn nicht einmal wir uns einig darüber sind, was ein Kompliment und was Sexismus ist, wie sollen es dann die Männer wissen? Ist ein Mann, der einer Frau heutzutage noch ein Kompliment macht, mutig oder dumm? Ich jedenfalls möchte das gute alte Kompliment nicht zu Grabe getragen wissen.

Und damit Ende des Komplimentexkurses und zurück zum evolutionsbiologischen Beziehungskreisverkehr, in dem die Männer ihre Runden zu drehen und die Abfahrt »Moderne Frau« zu scheuen scheinen. Ein unsicheres Y-Chromosom kann nicht die Entschuldigung für alles sein und schon gar nicht dafür, dass so viele tolle, smarte Mädels noch Single sind. Der ein oder andere sollte lieber früher als später bemerken, dass sich mit modernen Frauen großartige Beziehungen auf Augenhöhe führen lassen. Allein sind Frauen stark. Allein seid ihr Männer stark. Aber zusammen sind wir unschlagbar.

Gut ausgebildete, toughe und unabhängige Frauen brauchen keine Low- und keine No-Brainer; keine Männer, die uns entweder nur von Weitem bewundern oder uns bewusst kleinhalten. Wer braucht Überlegenheit, wenn es Augenhöhe gibt? Selbstbewusste und selbstbestimmte Frauen sind vor allen Dingen eines: Frauen. Und wir sind trotz voranschreitender Emanzipation immer noch zu beindrucken, vor allen Dingen mit starken Schultern zum Anlehnen, mit Verlässlichkeit und vielleicht dann und wann mit einer kleinen Prise Imponiergehabe, einem Kompliment und einem Blumenstrauß. Man(n) kann sich ja einreden, man(n) hätte etwas zu verlieren, wenn die Frau ergebnisorientierter ist. Aber was, wenn Ergebnisorientiertheit cool ist, weil sie uns voranbringt?

Ich kenne keine noch so toughe Frau, die ohne Zuneigung leben möchte und die nicht bereit wäre, diese Zuneigung auch zurückzugeben. Männer, wacht auf! Ran an die Frau und sei sie noch so schlau! Die Zauberformel im Umgang mit Frauen ist ein Vierklang: ernstnehmen, respektieren, unterstützen und den Geburtstag nicht vergessen. Das bekommt ihr doppelt zurück. Versprochen! Und wenn ihr fertig seid mit dem Ernstnehmen, dem Respektieren und dem Unterstützen, dann, Herrgott noch mal, drückt die Frau an eurer Seite. Nehmt sie in den Arm. Wir sind zwar voll die progressiven Weiber, aber Drücken muss immer sein. Und Mädels, drückt die Männer zurück. Das baut Spannungen ab. Die Umarmung ist die Geheimwaffe in der nonverbalen Kommunikation. Und das Schöne an der Sache ist, es funktioniert in beide Richtungen. Es kostet nichts, außer der Überwindung, auf den anderen zuzugehen. Eine meiner Freundinnen arbeitet an einer Förderschule. Die Kinder dort haben schwere Konzentrations- und Entwicklungsstörungen. Sie erzählt mir oft, wie die Jungen und Mädchen aus einem Impuls heraus anfangen, zu schreien und um sich zu schlagen. Sie nimmt die Kinder dann in den Arm, ganz fest, und drückt sie. Acht, neun, zehn Sekunden lang. Und die Kinder beruhigen sich und fangen nicht selten an, zu weinen, weil eine Umarmung durch Körperkontakt und Wärme Spannungen abbaut. Danach kann man wieder normal mit ihnen sprechen. Und das Miteinandersprechen ist die zweite Geheimwaffe. Und zu dieser Geheimwaffe gibt es keine Alternative. Gar keine! Keine Alternative. Nirgends. Überhaupt gar nicht. Gibt es nicht.

Über ernste Themen zu reden ist fast nie angenehm. Wie wir mit Konkurrenz, Überlegenheit, Wertschätzung und Unsicherheiten umgehen wollen, sind ernste Themen. Ich weiß, Reden kann wehtun. Aber wer nicht sagt, was er will, kriegt nicht, was er will. Und mal ganz ehrlich, reden tut nicht so weh wie Migräne oder die Geburt eines Kindes. Sprecht miteinander, sonst ist der Zug abgefahren, und alle sitzen im Kreisverkehr fest. Und wenn ihr schon beim Reden seid, dann nehmt euch die Zeit, richtig zu formulieren, damit die Botschaft auch ankommt. »Wenn die Worte nicht richtig gewählt sind, ist das Gemeinte nicht das Gesagte.« Hat Konfuzius gesagt. Denkt mal darüber nach. Bleibt im Dialog, und lasst ein bisschen Liebe durch den Kreisverkehr fließen.

Schenk dir ein Leben auf Wolke 7

Emilia Vuorisalmi
SUPER GEFÜHLE
Die besten Tipps und
Tools, um die
Glückshormone in dir
auszulösen
Aus dem Finnischen
von Ilse Winkler
240 Seiten
ISBN 978-3-431-07042-2

Verliebt ins eigene Leben – geht das? Und ob! Die finnische Medizinerin Emilia Vuorisalmi hat ein Rezept entwickelt, das vom Hormonfeuerwerk frischer Verliebtheit inspiriert ist. Denn insbesondere die Glücksmacher Oxytocin, Serotonin und Dopamin stimmen hoffnungsfroh, gutgelaunt und ausgeglichen. Wer ihre Wirkweise kennt, kann die persönliche Gesundheit aktiv verbessern. Anhand zahlreicher praktischer Übungen erklärt Vuorisalmi, wie der Lieblingssong, ein Griff zum Telefon und das schnelle Abarbeiten ungeliebter Tätigkeiten die Hormone tanzen lassen und das Glücksempfinden steigern. Ein kluges Plädoyer für ein zufriedenes, selbstbestimmtes Leben.

Lübbe Life

Wenn »Nettsein« gefährlich wird

Emma Reed Turrell
SELBST.ZUFRIEDEN
Warum du es nicht allen
recht machen musst, um
mit dir im Einklang zu
sein
Aus dem Englischen
von Maria Mill
272 Seiten
ISBN 978-3-431-07041-5

Der Mensch ist ein soziales Wesen. Qua Evolution ist der Wunsch nach einem harmonischen Miteinander tief in seiner Natur verwurzelt. Werden persönliche Bedürfnisse dabei jedoch zu oft vernachlässigt, entsteht ein Problem. Dann ist man ein „People Pleaser": ein Mensch, der nirgendwo anecken und allen gefallen will – und so den Bezug zu sich selbst verliert.

Die britische Psychologin Emma Reed Turrell verweist auf die Gefahren fadenscheiniger Kompromisse und erklärt, wie man sich davon befreit. In ihrem Buch definiert sie vier „Pleasing"-Typen und illustriert anhand zahlreicher Fallbeispiele, wie der Weg in ein authentisches und zufriedenes Leben gelingt.

Lübbe Life